长城下的高铁

京张智能高铁全知道

泰初文化 Ocemy 著

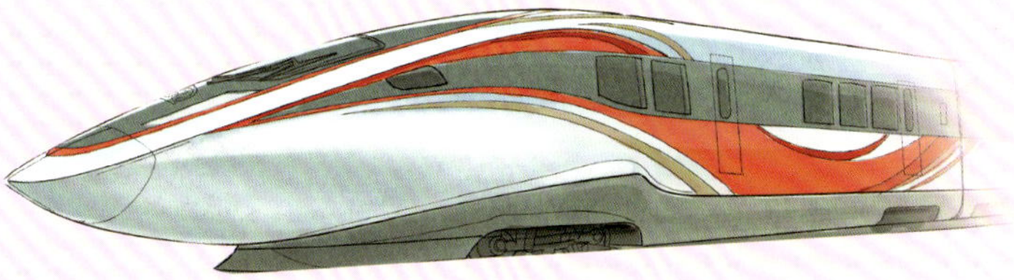

中国铁道出版社有限公司
CHINA RAILWAY PUBLISHING HOUSE CO., LTD.

内容简介

长城脚下的京张铁路已经运行了100多年，如今，京张铁路迎来了高铁时代。京张高铁于2016年4月开始动工，2019年12月建成通车。本书主要介绍了京张高铁的建设过程。小读者可以通过阅读，清晰了解各种工程原理，认识各式机车和车辆，以更直观的方式从一条铁路的发展建设了解民族的历史，感受科技带来的巨变。

图书在版编目（CIP）数据

长城下的高铁 ： 京张智能高铁全知道 / 泰初文化，Ocemy 著. -- 北京 ： 中国铁道出版社有限公司，2025.4.
ISBN 978-7-113-32011-9
Ⅰ. U238-49
中国国家版本馆 CIP 数据核字第 2025AL8509 号

书　　名：长城下的高铁：京张智能高铁全知道
作　　者：泰初文化 Ocemy

策划编辑：范　博　　编辑部电话：（010）83545974
责任编辑：巨　凤
封面设计：仙　境
责任校对：刘　畅
责任印制：赵星辰

出版发行：中国铁道出版社有限公司（100054，北京市西城区右安门西街8号）
网　　址：https://www.tdpress.com
印　　刷：北京盛通印刷股份有限公司
版　　次：2025年4月第1版　2025年4月第1次印刷
开　　本：889mm×1194mm 1/16　印张：3.5　字数：140千
书　　号：ISBN 978-7-113-32011-9
定　　价：68.00元

写给小朋友们的一封信

小朋友们，你们听说过詹天佑吗？你们有没有乘坐过高铁？有没有去过长城？小朋友们一定会问我为什么要问这些问题，詹天佑、高铁、长城有什么关系吗？别急，谜底马上揭晓……

詹天佑是我国著名的铁路工程师，他主持设计和修建的京张铁路（北京到河北张家口的铁路），是第一条完全靠中国人自己的力量设计、建造的干线铁路。大家要知道，那个时代我们的国家积弱，正处于内忧外患、备受欺辱的阶段，在那样的情况下中国人自己完成了京张铁路的建设是非常不容易的。这充分体现了詹天佑等一批铁路工程师们强烈的爱国主义情怀和民族自尊心，正是他们的出现才奠定了中国铁路发展的基础。

京张铁路途经万里长城，它们都是中华民族众志成城、勤劳、智慧的象征。100 多年过去了，国家的强大让我们的生活发生了翻天覆地的变化，现在沿着京张铁路与先辈们的足迹，我们新一代铁路工程师们修建了京张高铁，还在长城脚下的山体里修建了一座地下车站，这样可以方便大家去游览名胜。

小朋友们，修建高铁可不是一件容易的事，那是一个非常庞大的系统工程。飞驰的列车、笔直的钢轨、高大的桥梁、悠长的隧道、漂亮的车站，这些都是我们工作的内容，这需要我们很多人一起协同作战、共同努力。京张高铁2016年开始建设，2019年年底通车，仅用时 3 年多。虽然建设速度十分惊人，但是建设之前我们却用了 7 年的时间来研究它，设计图纸堆起来有几层楼那么高。京张高铁全长 174 千米，在 7 年的时间里，我和我的同事们多次走在这片土地上，熟悉这里的每一座山、每一条河，这都是为了找到那个适合京张高铁建设的最佳方案，让每一位乘客感受到最舒适的出行体验。我们会时常想起詹天佑和他的伙伴们修建京张铁路时的情景，他们一定比我们走得更多，行得更远，吃了更多的苦。所以，我们不应该忘记先辈们的艰苦努力与付出，更应该把京张高铁建设好，把我们的祖国建设好。

本书介绍了京张高铁建设的基本情况和一些有特点、有意思的工程，小朋友们从书中可以大概了解我们是如何修建一条高铁的。随着了解的加深，也希望你们能喜欢上铁路，喜欢上飞驰的高铁。今天我可以骄傲地告诉大家，我们国家的铁路技术已经世界领先，作为一名铁路工程师，身处这个伟大的时代是我的幸运，小朋友们能感受到高铁带来的快捷与方便也同样是幸运的，我们都不能忘记一代代工程师们的积累与贡献。科学技术需要传承、发展、创新，希望小朋友们能通过这本书激活你们埋在心底里的那颗学习科学知识、为祖国奉献的种子，让它生根、发芽，将来无论你们做什么工作，都希望能为我们伟大的祖国贡献自己的力量，把祖国建设得更好，让未来的生活更美好！

中铁设计京张高铁总体设计负责人　王洪雨

2024 年 7 月

目录

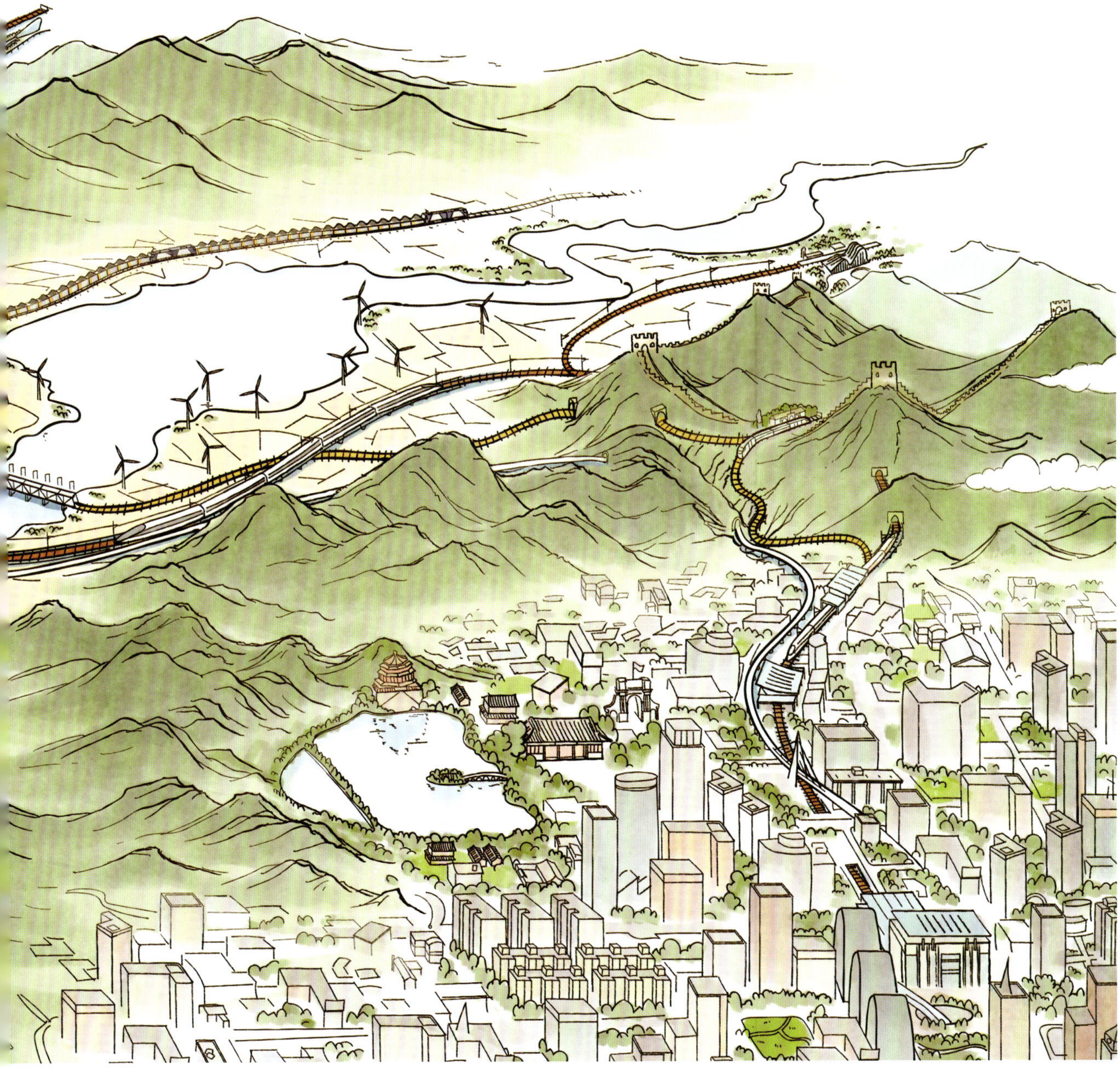

花海铁路

在北京居庸关通往八达岭长城的山谷里，一条铁路依着山势蜿蜒穿行其中，这条铁路因为长城与沿途的花海而备受关注，行驶在铁道线上的动车组被人们称为“开往春天的列车”。它满载游客穿越漫山遍野的山桃花，如同行驶在童话的世界中。这条线路就是北京市郊铁路 S2 线。

北京市郊铁路 S2 线于 2008 年在京包铁路和康延支线的基础上升级改建而成，而京包铁路的前身就是大名鼎鼎的京张铁路！100 多年过去了，中国人自主设计、修建的第一条干线铁路仍然以新的面貌在长城脚下运行。

2008 年 8 月，北京市郊铁路 S2 线正式开通运营。该线是非电气化铁路，也是北京第一条市郊通勤铁路。它起始于北京北站，终点是沙城站，中途设有黄土店站、南口站、八达岭站、康庄站和延庆站。2016 年，为了配合京张高铁北京北至清河段铁路工程施工，将始发站迁移至黄土店站。

非电气化铁路

非电气化铁路没有电力牵引供电系统，因此以内燃机车和蒸汽机车为主。非电气化铁路运营成本比电气化铁路高，效率相较电气化铁路低。区分内燃机车与电力机车可以看机车头顶是否有接触网和受电弓（见 38 页），有受电弓的是电力机车，没有受电弓的是内燃机车。

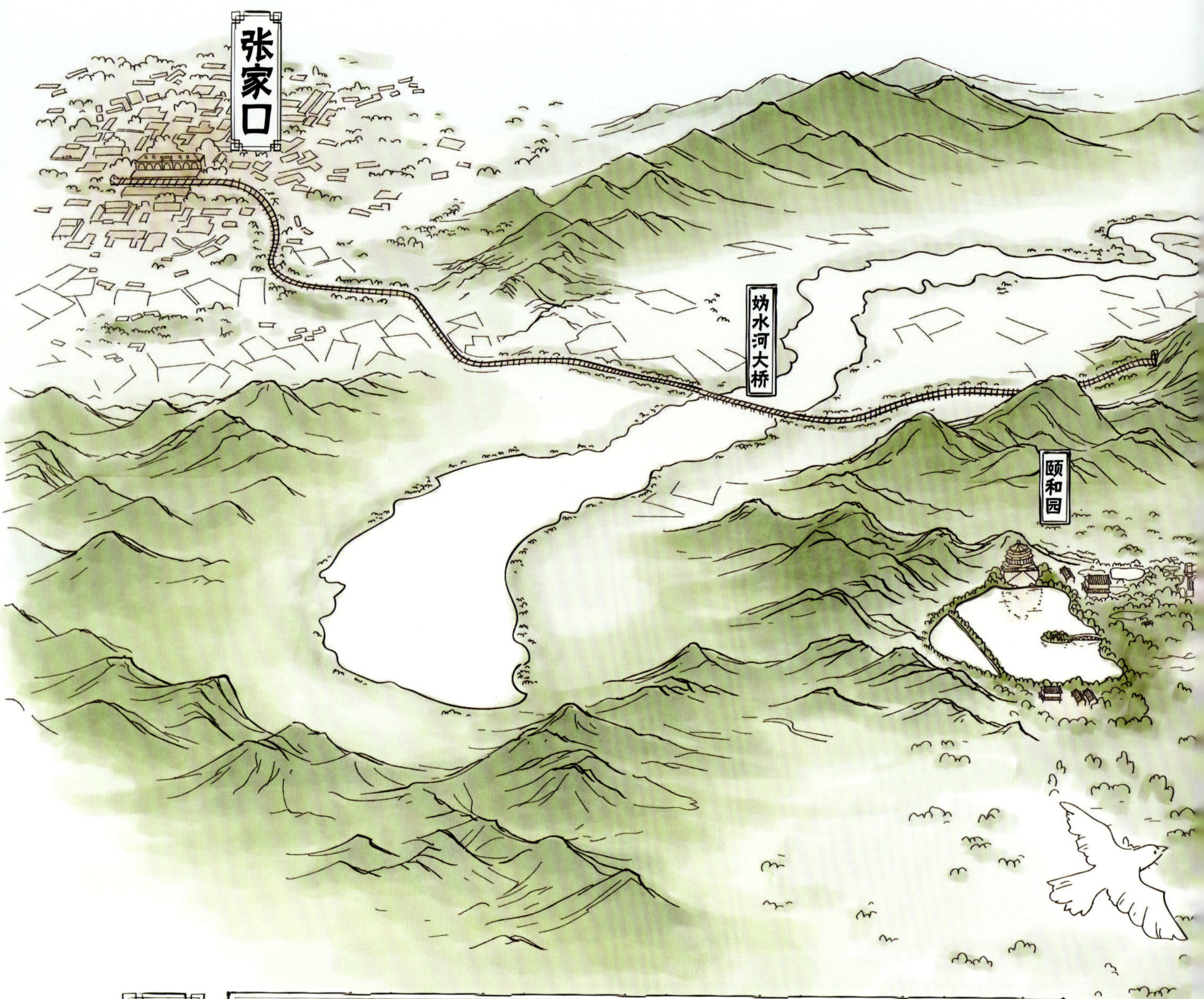

京张铁路

1909 年 10 月 2 日，在都城北京和有“塞外明珠”之称的张家口之间开通了一条铁路，它的开通震惊中外，开创了中国人自主建设干线铁路的壮举，也是工业文明走进中国的象征，它就是由詹天佑主持、众多中国工程师共同参与设计建造的京张铁路。

京张铁路打通了京西北的军事、通商要道，有着重要的军事、政治和经济价值。京张铁路的建成一改过去干线铁路多由外国人主导的历史，在国势积弱的年代振奋了中华儿女的士气。

京张铁路 1905 年开始建造，1909 年通车，自北京丰台柳村始发，途经西直门、清河、昌平、南口、居庸关、妫水河、怀来、沙城、下花园、宣化等站，至终点张家口，全长 201.2 千米。京张铁路的开通使原来的客运、货运价格大幅降低，行程时间大幅缩短，既带动了经济、改善了民生，又为国家带来了不菲的收入。

八达岭长城

长城始建于 2000 多年前的西周时期，是中国古代重要的军事防御工程。经过不断修建、延伸，长度累计超过 2 万千米，所以被称为万里长城。八达岭长城作为万里长城的一部分，建于 1505 年的明朝弘治年间，也有 500 多年了。

100 多年前，京张铁路从八达岭长城脚下通过，在不同的历史时期，它们担负了不同的历史使命——长城是为了防御外敌而建，京张铁路则是为了连通塞外而生。它们共同结伴度过 100 多年的岁月，也共同见证了这 100 多年的沧桑巨变。

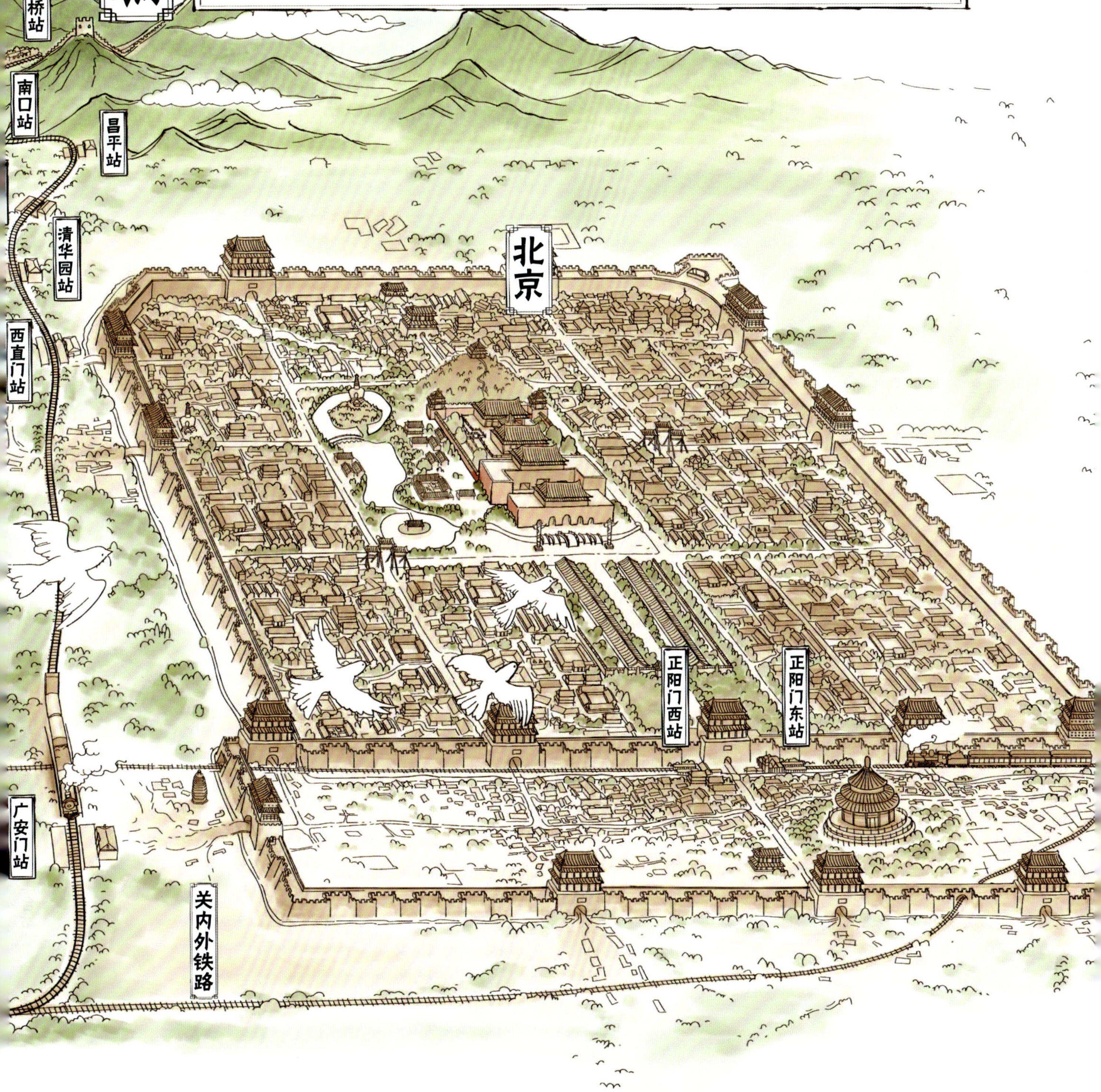

人字形铁路

京张铁路的建设分为三段：第一段从丰台至南口，长约 55 千米；第二段由南口经过八达岭到达岔道城，长约 16.5 千米；第三段由岔道城到达终点张家口市，长约 129.7 千米。詹天佑在设计京张铁路时，解决了各种各样的问题，其中包括关沟段的通行难题。关沟段坡度大，地形复杂，铁路还需要穿越八达岭山体，工程难度极大。但是相较其他比选线路，这里不仅可以缩短行程，还可以节省预算。就在位于八达岭的青龙桥站，詹天佑设计了“人字形线路”，巧妙地让又重又长的火车可以翻越陡峭的山坡，顺利前进。

八达岭隧道

八达岭隧道全长 1091.2 米，采用竖井开凿法施工。竖井开凿法就是先在隧道中间的山顶向下开凿深井，再由井底向隧道两端开凿。一个竖井有两个工作面，两个竖井就增加了四个工作面，能够加快施工进度，工程完工后，竖井又能作为隧道的通风口保留使用。

竖井开凿法

八达岭长城
当时为了修建铁路，拆除了一段长城。现在去青龙桥站还能看到被加固的长城断壁。
青龙桥站

关沟段山区坡度较大，火车无法爬上这样的陡坡。人字形线路的设计通过增加列车走行距离的方式降低了走行坡度，再使用首尾两台大功率机车前拉后推驱动列车，就能够让列车顺利通过。

1

到南口站后在列车尾加装一台机车

2

到青龙桥站后折返，向西北方向行驶

3

进入八达岭隧道

重点文物保护单位

2008 年首都博物馆确定青龙桥站为北京市工业遗产，加强了对青龙桥站的保护，并对老站房和詹天佑墓进行了修缮。2013 年青龙桥站被国务院确定为全国重点文物保护单位。

铁路与长城交汇点纪念碑

青龙桥站

青龙桥站位于人字形线路的顶端，火车会在这里折返掉头驶向八达岭隧道。青龙桥站也是京张铁路的标志性车站。为了纪念中国铁路的开创者詹天佑，1922 年，人们在青龙桥站为他竖立了一座铜像，让后人不要忘记他伟大的贡献。

100 多年后的今天，也许连詹天佑也不敢想象，中国的铁路技术和建设步伐已经迈入世界最先进的行列，就在青龙桥站地下 4 米处，新的京张高铁穿越而过，与老京张铁路的人字形线路组成一个“大”字，新老两条京张铁路线在这里实现了跨越百年的“握手”。

詹天佑纪念铜像

随着我国经济的发展与西部大开发，老的京张铁路已经无法满足运量需求，北京至张家口之间急需一条新的快速铁路客运通道。2008 年，京张高铁预可行性研究工作启动。

高铁设计

建设一条高铁线路首先需要做好设计工作。高铁设计是一项庞大复杂的工程，涉及线路、车站、桥梁、隧道、供电、轨道、信号等诸多专业领域；还需要充分考虑地形、人口、城市、环保、风俗习惯、施工难度等因素。工程师通过大量的调研、勘测，为工程施工设计提供最科学可靠的方案。这样既能让高铁惠及人们的出行，又能节约开支、保护环境。

飞机航测

利用飞机航测地形，生成数据信息，为设计师选线提供帮助。

京张高铁东起北京北站，西至张家口站，全长174千米，共设有北京北、清河、沙河、昌平、八达岭长城、东花园北、怀来、下花园北、宣化北、张家口10座车站；同步建设9千米延庆支线，设有延庆站。在下花园北站接入53千米的崇礼铁路，可直达崇礼太子城奥运村。高铁建成后，北京至崇礼的时间缩短到50分钟以内，北京到张家口的时间缩短到1小时内，并与呼张（呼和浩特—张家口）、大张（大同—张家口）两条高铁线相连。

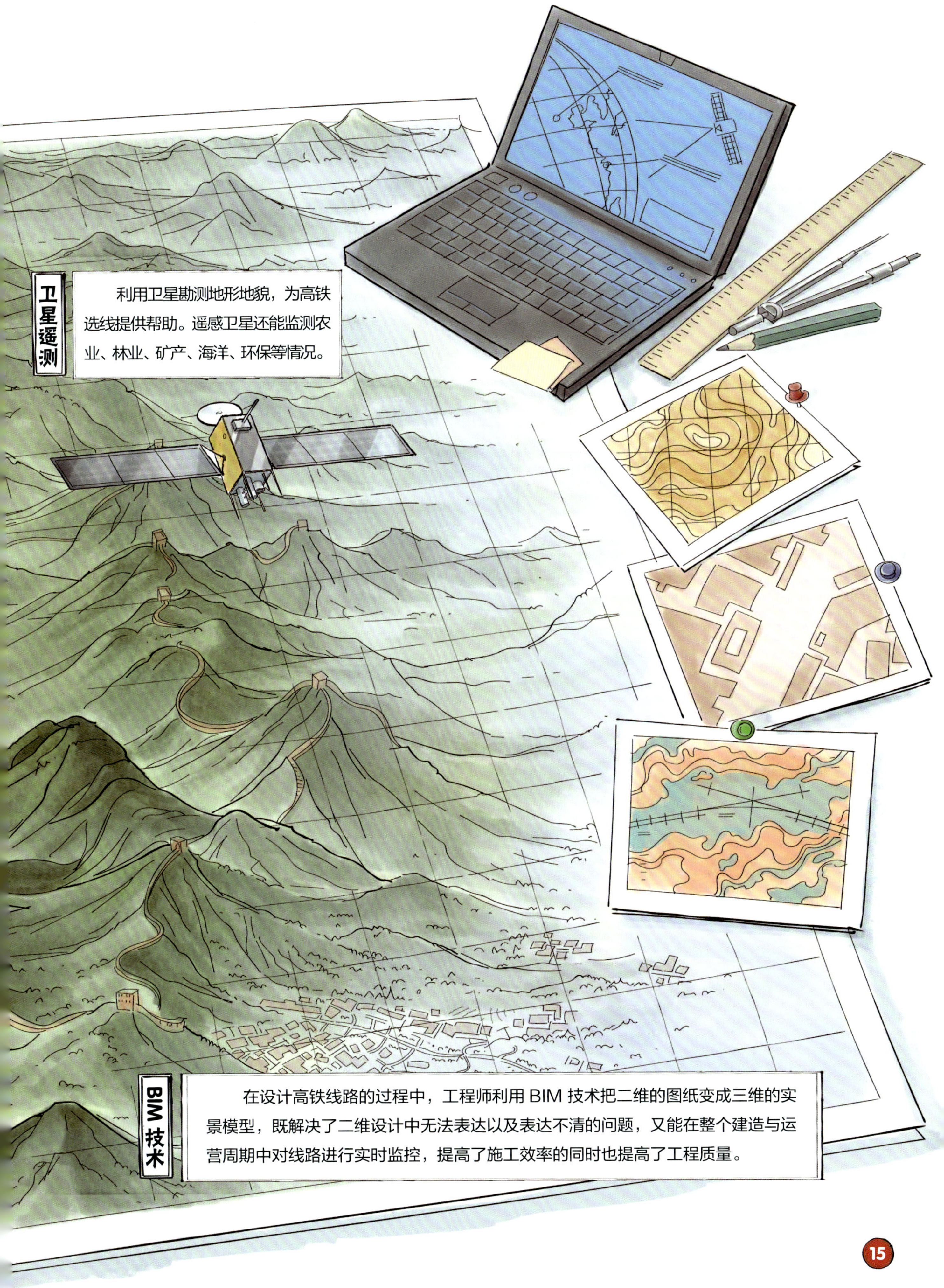

卫星遥测

利用卫星勘测地形地貌，为高铁选线提供帮助。遥感卫星还能监测农业、林业、矿产、海洋、环保等情况。

BIM 技术

在设计高铁线路的过程中，工程师利用 BIM 技术把二维的图纸变成三维的实景模型，既解决了二维设计中无法表达以及表达不清的问题，又能在整个建造与运营周期中对线路进行实时监控，提高了施工效率的同时也提高了工程质量。

隧道

设计工作完成后就可以开工建设了。京张高铁从北京北站始发，首先面临的问题是如何驶出北京城区。北京北站位于北京的二环西直门附近，二环到五环之间有着密集的城市建筑与城市道路，所以工程师们设计了清华园隧道，让高铁从地下隧道穿越北京驶出城区，这样不仅保护了历史遗迹，还不影响城市的运转。

北京地下遍布水、电、燃气等市政管线，还有多条地铁交织在西直门车站，这让隧道设计变得复杂。隧道工程师们采用了盾构法施工，像做外科手术一样让盾构机精准地穿越了88条市政管线、4处地铁站、6处城市主要道路，挖掘出了全长6020米的清华园隧道。

隧道距离市政管线最近处只有 0.8 米

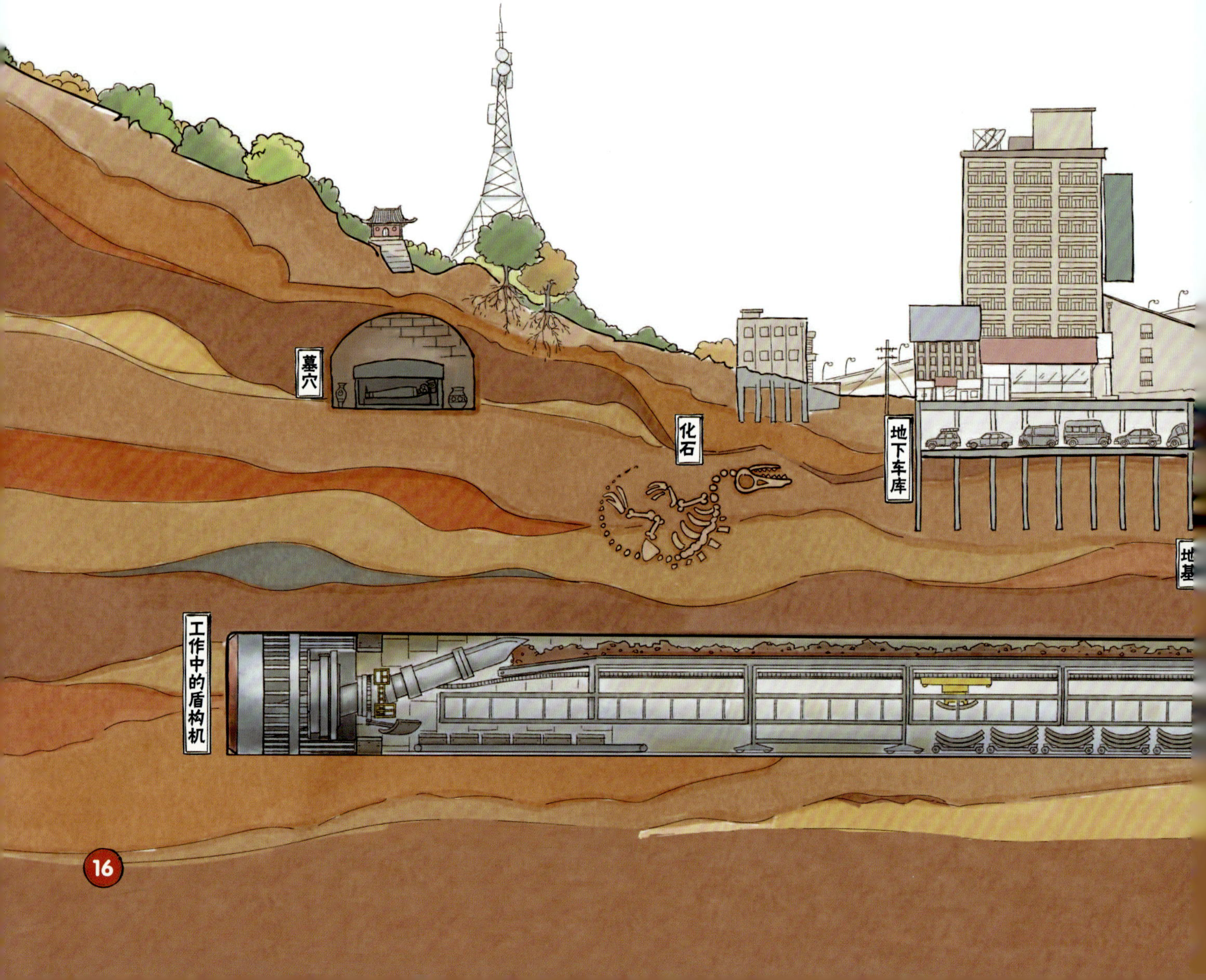

各式各样的隧道

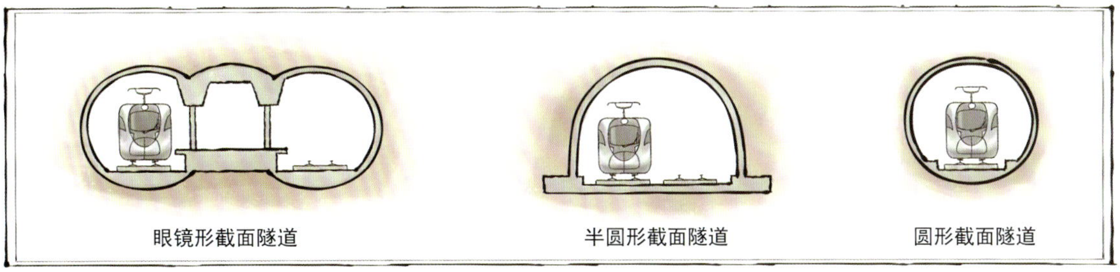

清华园隧道剖面图

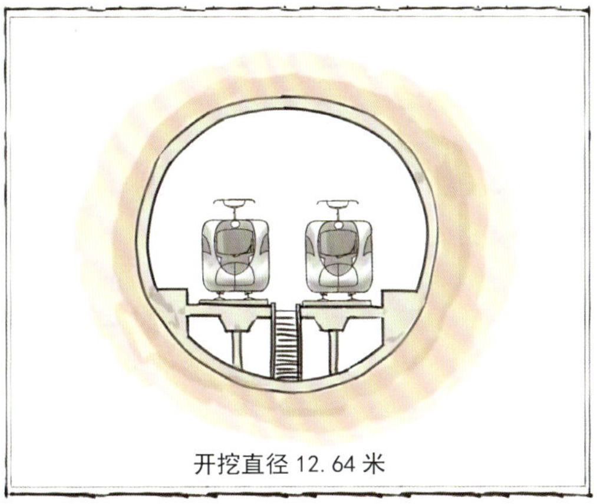

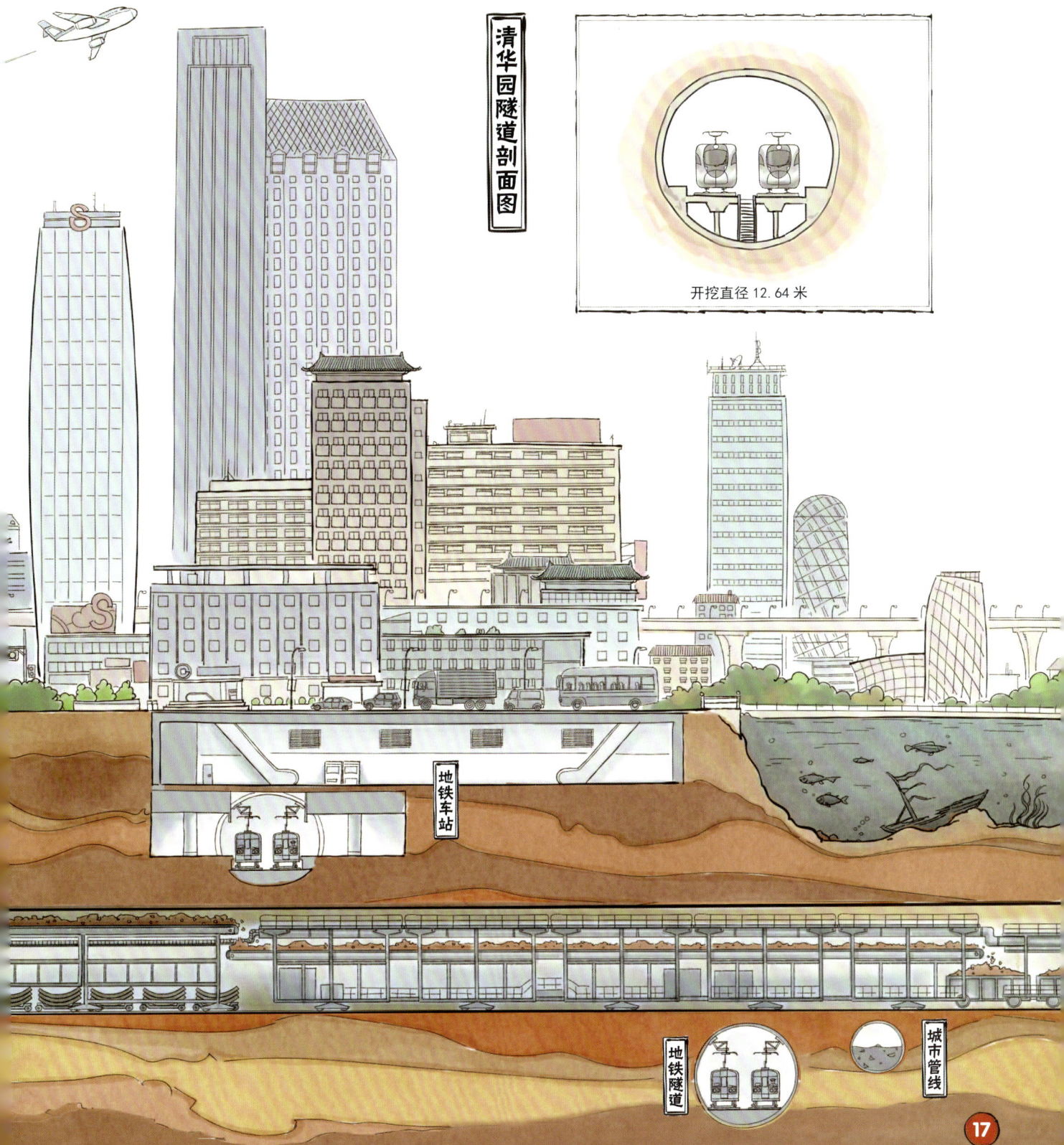

盾构机

盾构机是一种隧道掘进机，盾构机在向前掘进的同时构建支撑性管片——预制板，这样它行驶过的地方隧道就打通了。盾构机头部是圆柱体护盾，它对挖掘出的还未衬砌的隧洞段起着临时支撑的作用，承受周围土层的压力，有时还有承受地下水压以及将地下水挡在外面的功能。挖掘、排土、衬砌等作业都是在护盾的掩护下进行的。

在施工过程中，盾构机可能会遇到软土、沉降、溶洞、地下水等复杂的地质状况，如何让盾构机沿着准确的方向行驶，是盾构机的关键技术。为了应对复杂的地下环境，工程师开发了可视化智能施工系统。这一系统包括施工参数、过程监测、地质预测等，实现全过程可视化动态管理。盾构机搭载的几千个传感器，都具有感知、修正和自动调节的功能。设备状况、地下工作情况等数据，都直接上传到盾构数据指挥中心，盾构专家 24 小时对其远程监控和智能检测，随时对数据进行处理分析，使盾构机能够安全、精准地工作。

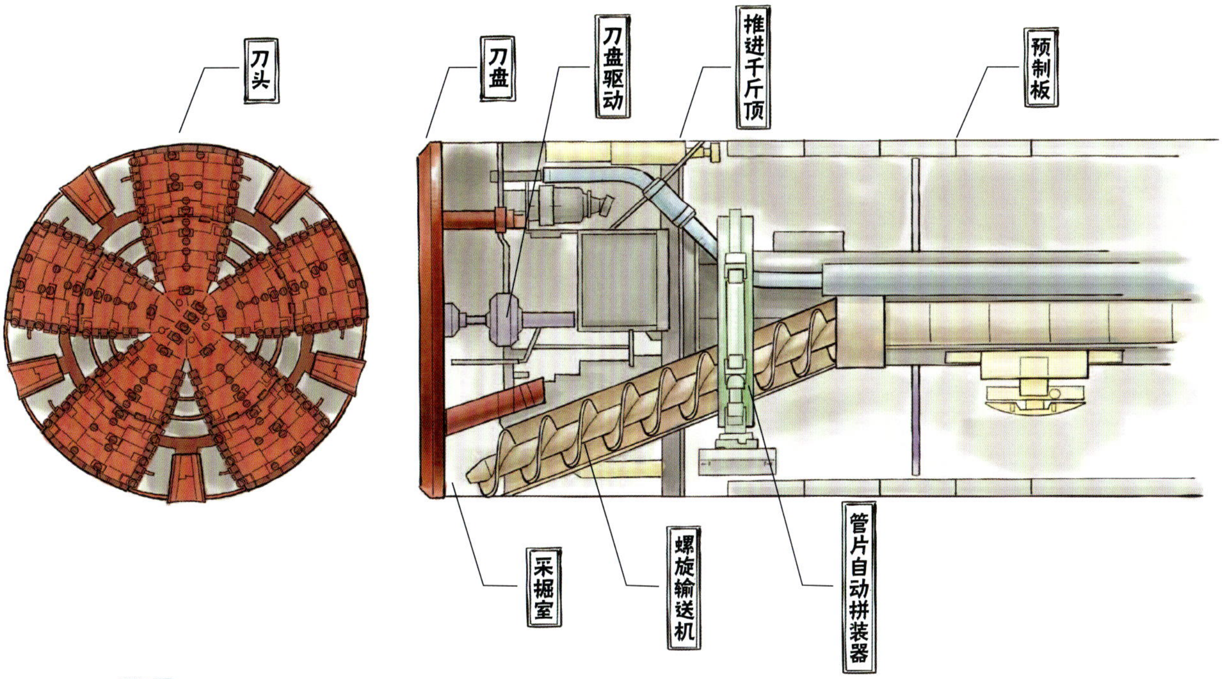

盾构法施工的优点

清华园隧道是京张高铁唯一采用盾构法施工的隧道。盾构法施工，具有自动化程度高、节省人力、施工速度快、不受气候影响、不影响地面交通等优点。

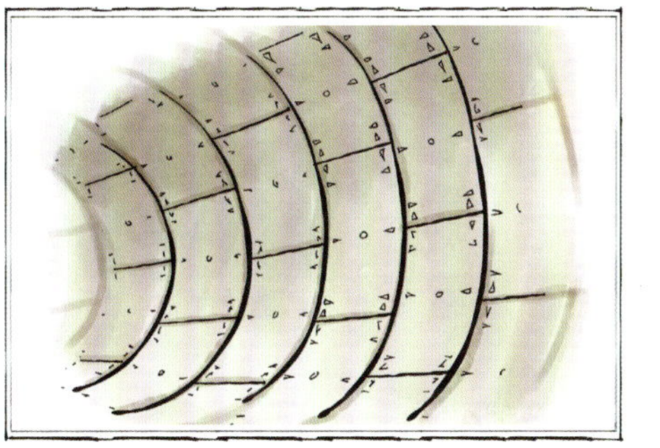

铺设好的支承性管片——预制板

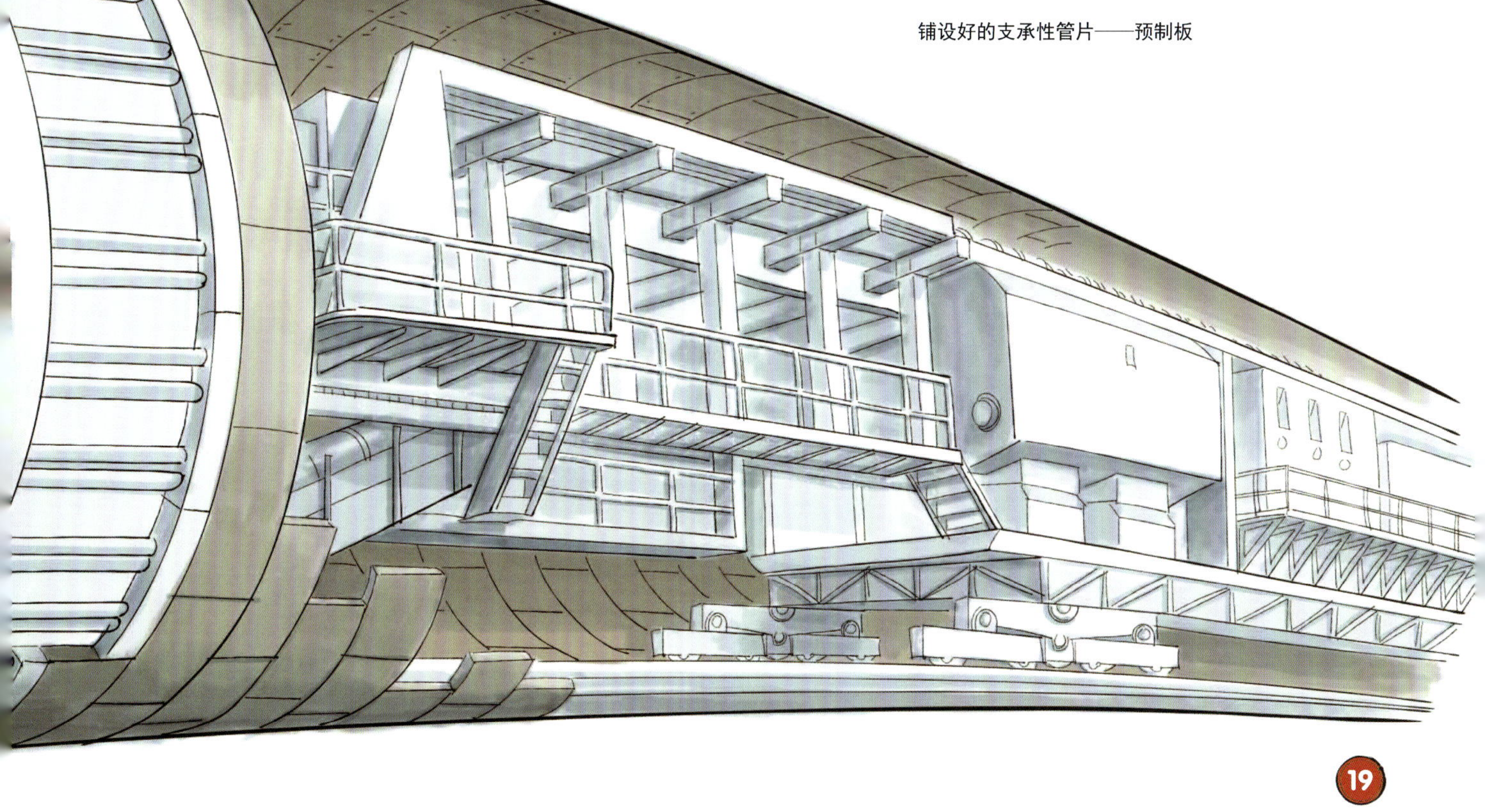

清河高铁站

经过清华园隧道就来到了清河站。清河站是京张高铁最大的换乘站，也是世界上第一座采用智能技术建造的高铁车站。清河站位于北京的北五环，区域人口密集，城市交通路况复杂，而且清河站的站内空间非常狭窄，是一条又细又长的通道。工程师们将高速公路、 高铁、地铁并场设计，让高铁和地铁共用一个车站，高铁站台紧挨地铁站台，这样不但解决了站内空间狭窄的问题，还方便旅客在高铁、地铁、出租车、公交车、私家车之间快速换乘。

垃圾处理

清河站安装了智能化垃圾处理系统，每个垃圾桶都连接管道，旅客把垃圾扔进垃圾桶，垃圾通过管道直接输送到车站专设的垃圾站进行垃圾处理。

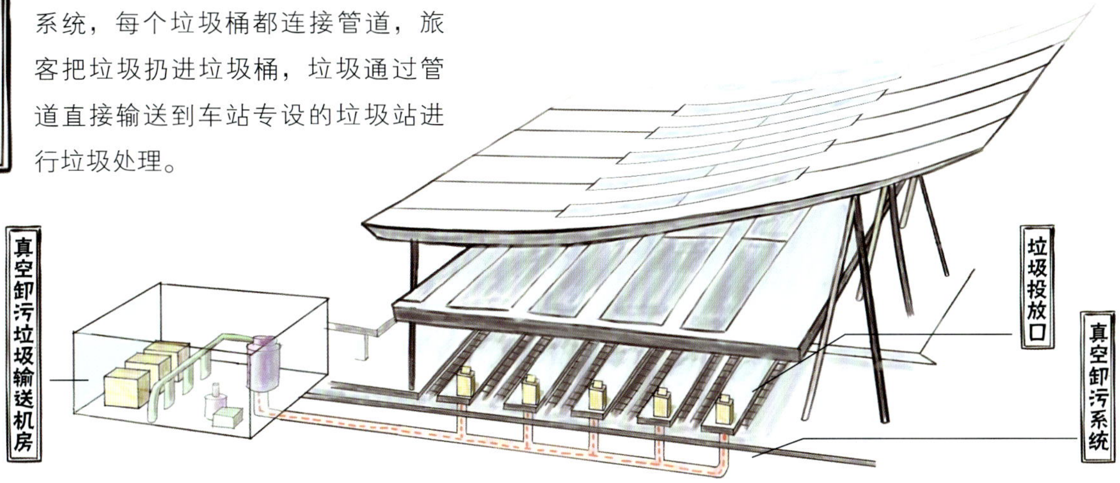

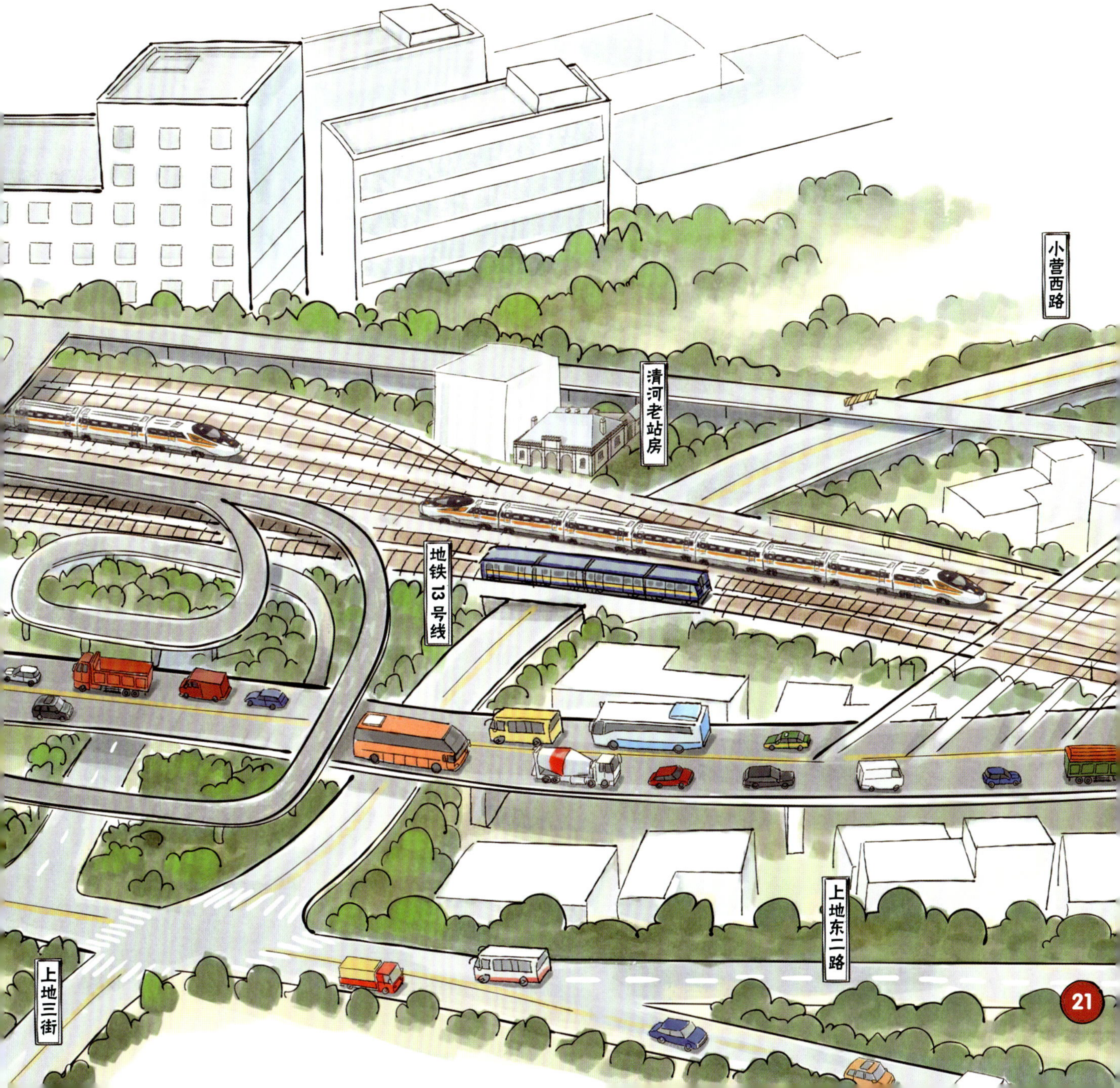

剖面图

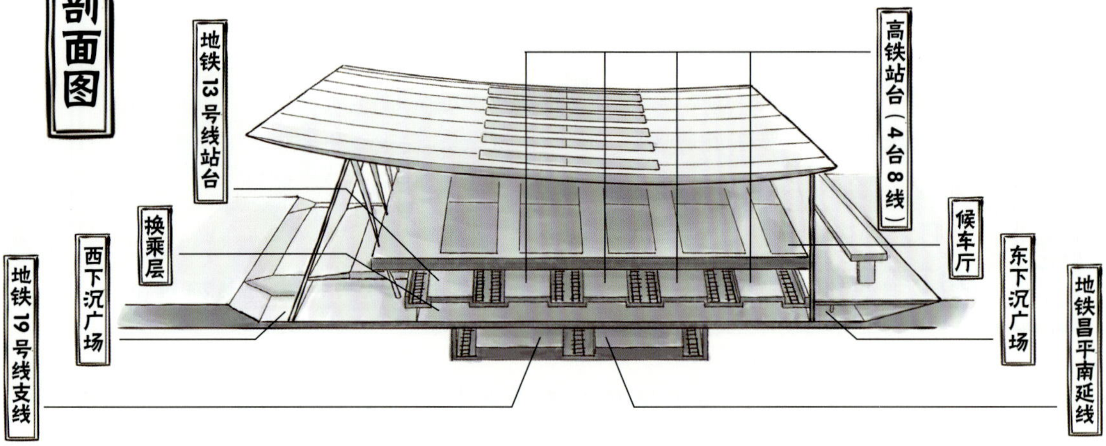
地铁13号线站台
高铁站台（4台8线）
换乘层
候车厅
西下沉广场
东下沉广场
地铁19号线支线
地铁昌平南延线

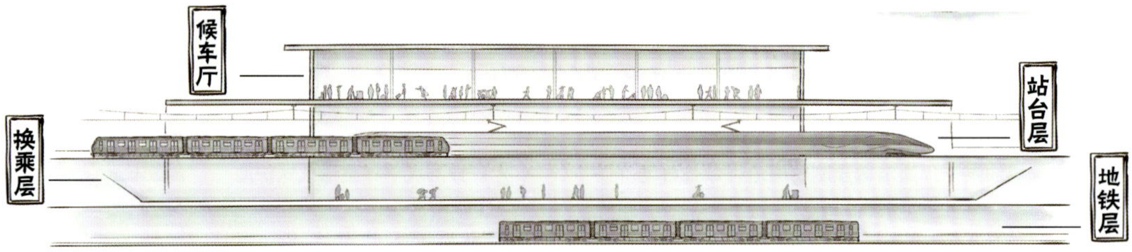
候车厅
站台层
换乘层
地铁层

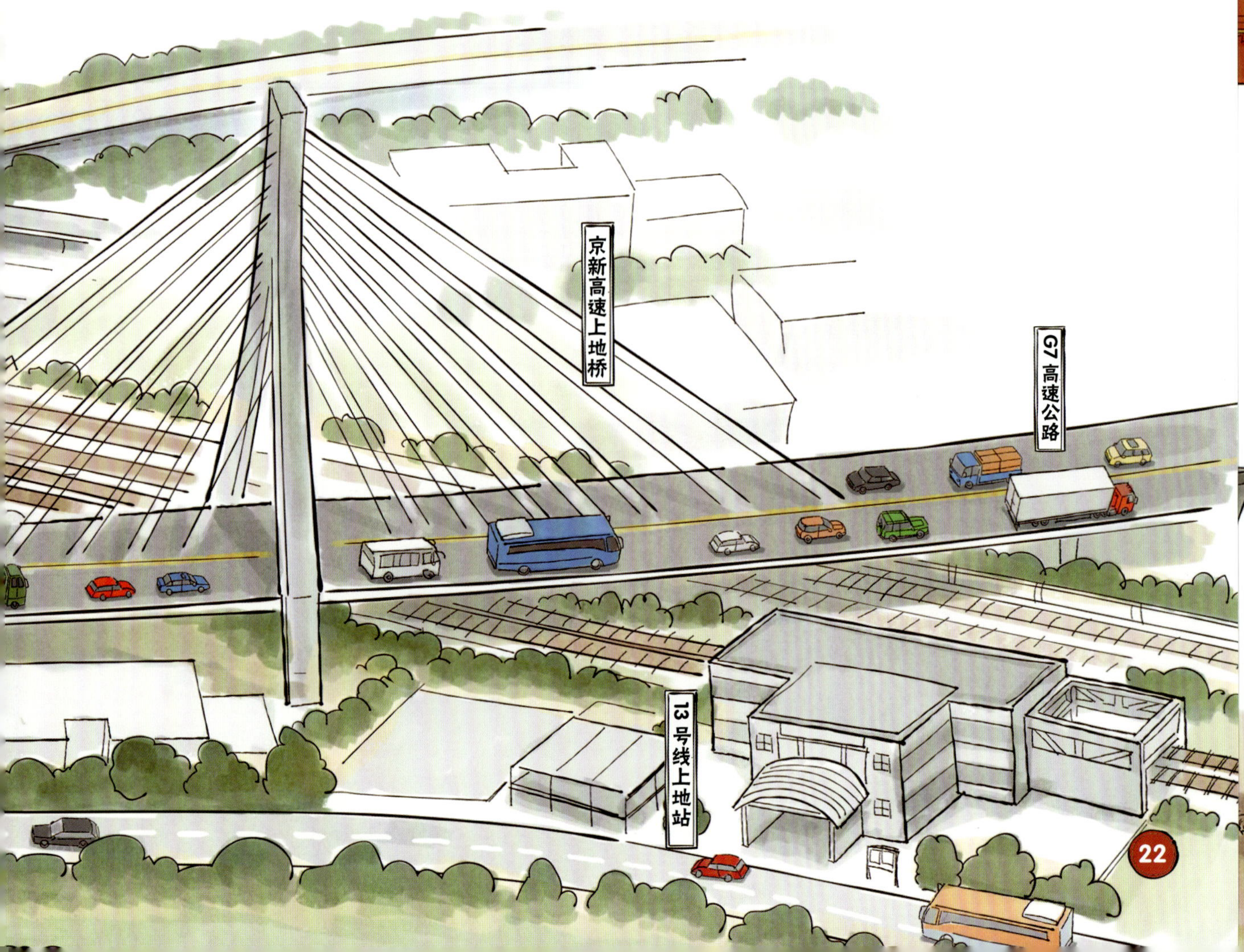
京新高速上地桥
G7高速公路
13号线上地站

桥墩

桥梁要平稳耐久，最考验的就是桥墩的稳定性。一条高铁线需要建设大量的桥墩，每一个桥墩的质量都至关重要。这既要求桥墩本身有足够的强度与密度，又要求深插到地下的桩基足够深、足够坚固。高铁桥墩的桩基深度大多在 20~70 米。

① 桩基施工

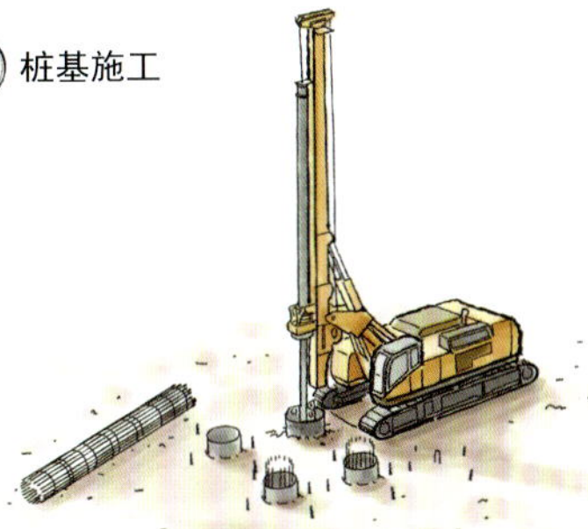

② 基坑开挖

③ 垫层施工及桩头处理

④ 承台钢筋绑扎及混凝土浇筑

⑤ 承台装模

⑥ 墩身钢筋加工安装

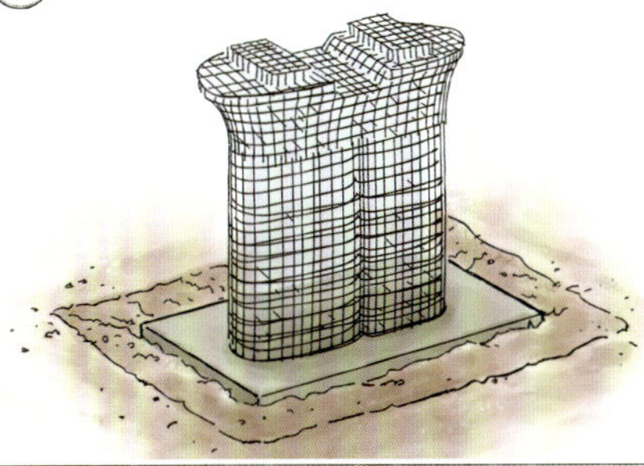

⑦ 墩身模板安装及混凝土浇筑

⑧ 墩身模板拆除及养护

制梁厂

高铁修到哪里，制梁厂就建到哪里。架设高铁桥梁的箱梁在制梁厂制作完成后，通过提梁机与运梁车运送到架设地点，再由架梁机架设完成。工程师研发的这一整套技术与机械装备，能在各种工况下实现箱梁制造与安装，是中国高铁桥梁建设的主导技术，为中国高速铁路网的建设提供了有力的技术支持。

高速铁路 900 吨简支箱梁建造成套技术与装备获得了国家科技进步

起重机
运梁车

八达岭长城站

继续向北就来到了著名的八达岭。八达岭地形复杂，工程师们设计建造了八达岭隧道。隧道全长 12 千米，距离地面最深处有 432 米，最浅处只有 4 米。隧道内建有世界上最大最深的高铁车站——八达岭长城站。不同于地上车站的建筑形态，八达岭长城站分三层地下结构，由 88 个管洞组成，自下而上分别为：站台层、进站层及出站层，它们相互独立又有通道互相连接，构成了一座高铁“地下宫殿”。把庞大的车站建在地下，既保护了景区环境不被破坏，又保障了客运量，还缩短了人们从北京城区来八达岭长城的时间（从原来的 1.5 小时车程缩短到 20 分钟）。

微爆破技术

采用精准微爆破技术，保护长城，采用非爆破开挖技术，保护青龙桥车站。每爆破一次只相当于在长城上跺一下脚。

复合式衬砌结构断面

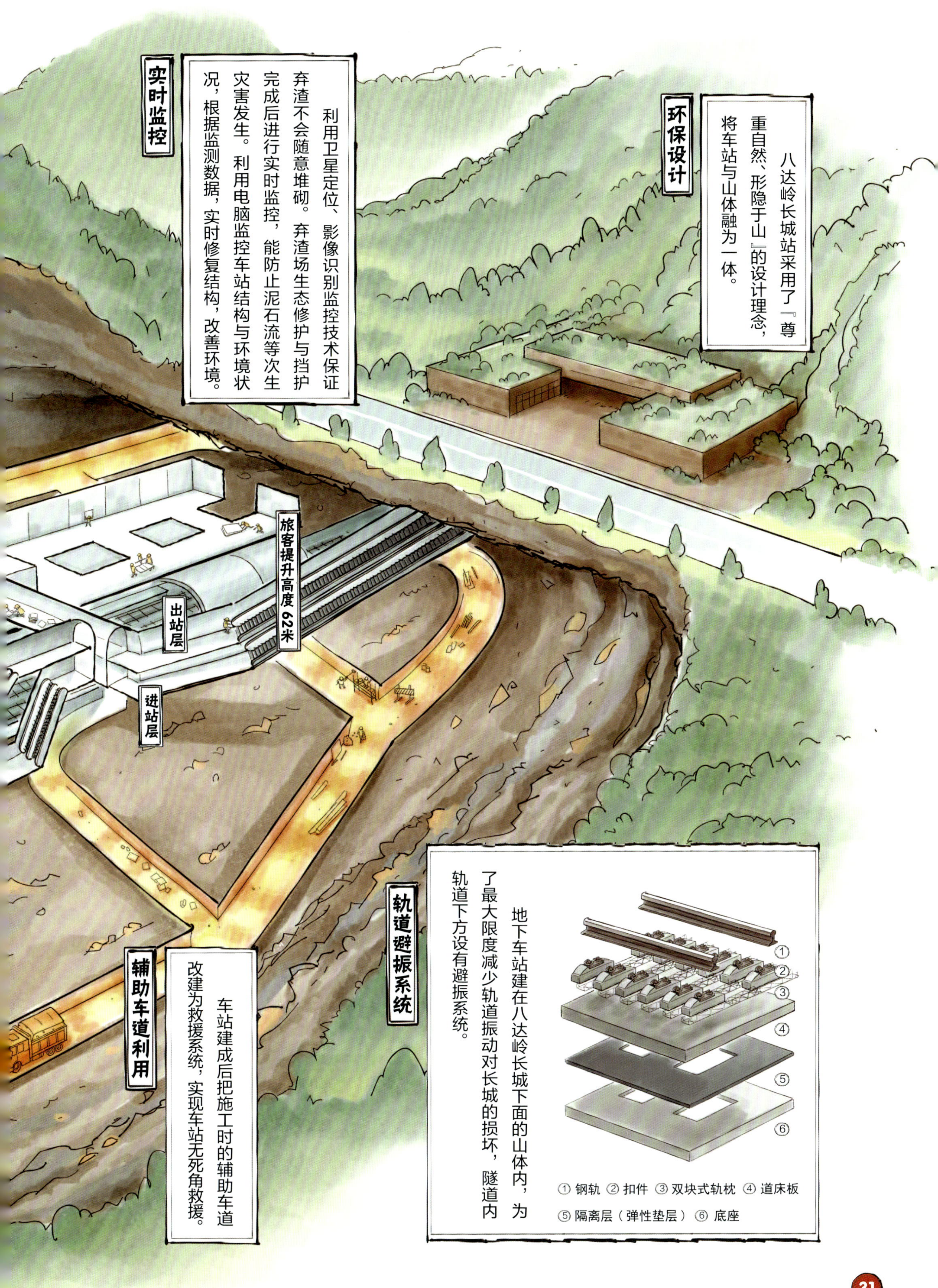

实时监控

利用卫星定位、影像识别监控技术保证弃渣不会随意堆砌。弃渣场生态修护与挡护完成后进行实时监控，能防止泥石流等次生灾害发生。利用电脑监控车站结构与环境状况，根据监测数据，实时修复结构，改善环境。

环保设计

八达岭长城站采用了『尊重自然，形隐于山』的设计理念，将车站与山体融为一体。

轨道避振系统

地下车站建在八达岭长城下面的山体内，为了最大限度减少轨道振动对长城的损坏，隧道内轨道下方设有避振系统。

① 钢轨 ② 扣件 ③ 双块式轨枕 ④ 道床板
⑤ 隔离层（弹性垫层） ⑥ 底座

辅助车道利用

车站建成后把施工时的辅助车道改建为救援系统，实现车站无死角救援。

水库大桥

逢山开路，遇水架桥，针对不同的环境，工程师们需要选择合适的桥梁类型，设计不同的桥梁，然后再设计合理的施工方案。在京张高铁建设的83座桥梁中，难度最大的就是官厅水库特大桥。官厅水库特大桥位于高寒大风沙地区，全年有4个月的冰冻期，而且官厅水库是国家一级水资源保护区，在施工过程中不能对水资源造成任何污染，这都给施工增加了难度。

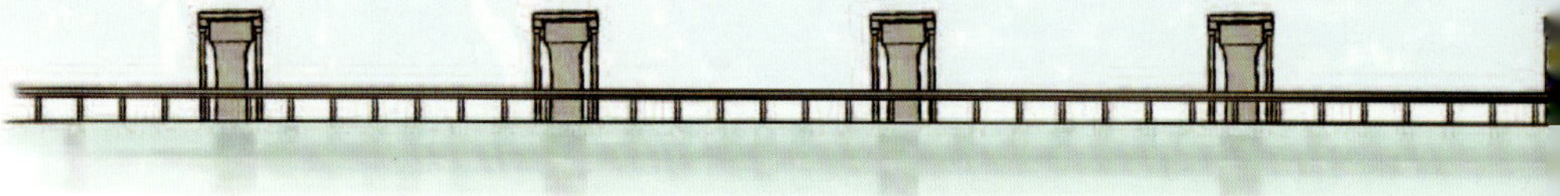

常见桥梁类型

简支钢桁梁桥

斜拉桥是由桥墩塔、拉索和梁体构成的高强度大跨度桥梁。悬索桥跨度更大，桥下净空更高。悬索桥和斜拉桥适用于跨大江大河的高速铁路。京张高铁是连接首都北京的重要通道，钢桁梁桥坚固耐用，维修便捷，出于环保、战备等因素考虑，工程师们采用了简支钢桁梁桥设计。

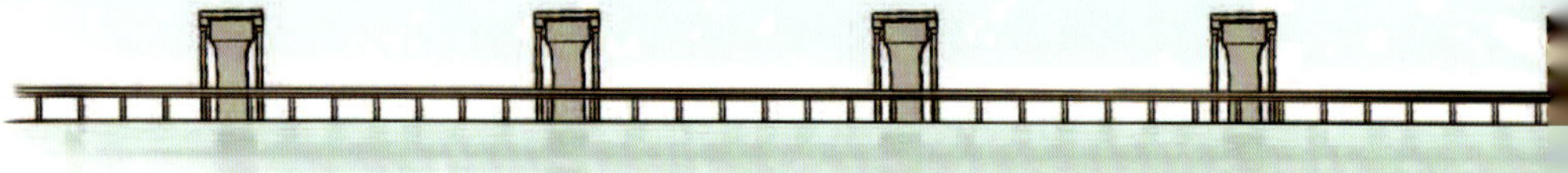

顶推法施工

顶推法施工，让巨大的钢铁桁梁滴水不沾地越过水库，让水上作业变成了岸上作业，最大限度保证了水质安全。官厅水库特大桥主桥还采用了陆上排水处理系统。下雨时落到桥体上的雨水通过桥上排水系统流到岸上，再通过水处理系统对雨水进行处理，不让桥上的雨水流入水库内。

钢桁梁由一个个杆件构成，杆件到达施工现场后通过起重机吊到拼装平台，用高强度螺栓进行拼接，每一组钢桁梁重达1850吨，由3万多颗螺栓拼接而成。

大桥全长 9.08 千米，其中主桥长 910 米，由 8 个 110 米长的简支钢桁梁连接而成，犹如 8 条造型优美的彩虹。

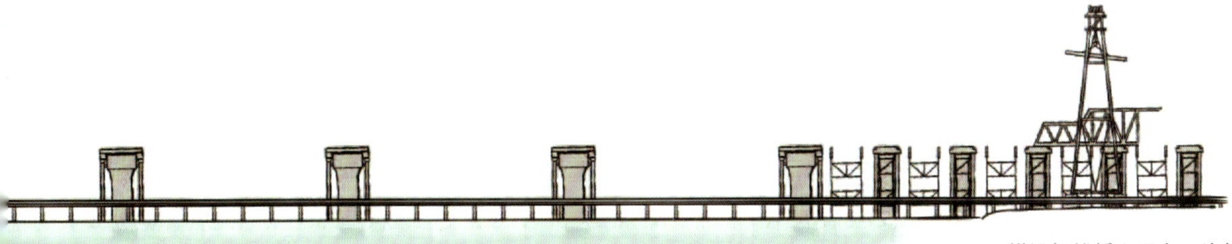

①

搭设钢栈桥和平台，浇筑桥墩

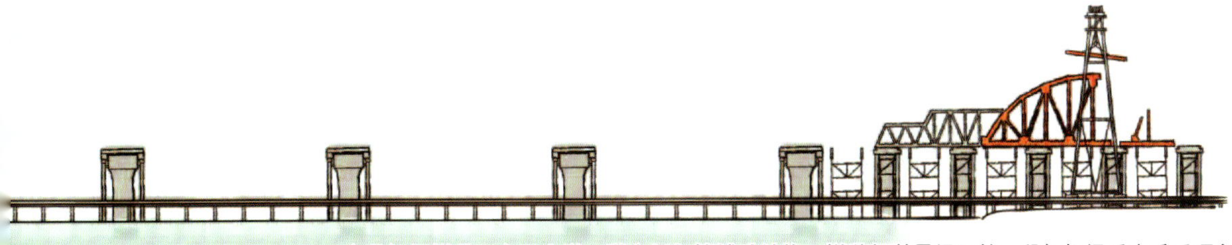

②

安装钢梁拼装平台及支墩、墩旁托架等辅助结构。拼装好前导梁及第一段钢桁梁后由千斤顶向前顶推

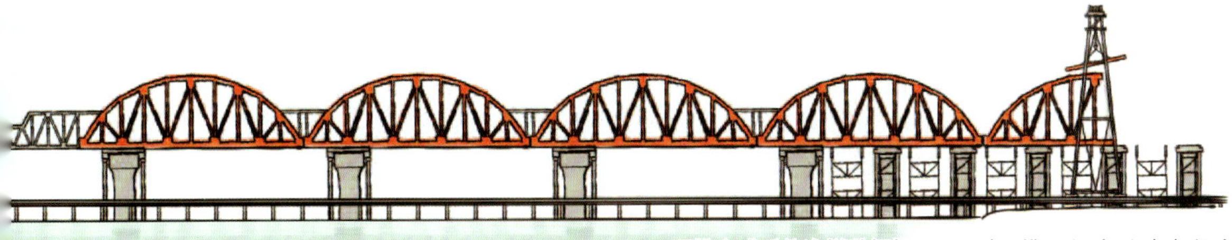

③

顶推完成后依次拼装钢桁梁，继续顶推，直到 8 组钢桁梁全部完成

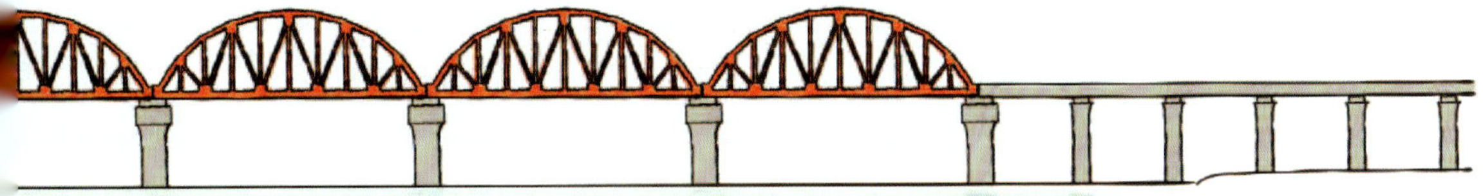

④

主体结构完成后拆除支墩、墩旁托架、拼装平台及栈桥

转体桥

经过官厅水库特大桥就来到京张高铁的又一个重点工程——土木特大桥。土木特大桥全长 3503.48 米，位于河北省怀来县土木镇和官厅水库之间，其中 24 号桥墩与 25 号桥墩跨越世界上最繁忙的铁路专线之一的大秦铁路。为了避免对繁忙的线路造成干扰，工程师们决定先在铁路两侧进行桥梁平行施工，然后通过墩顶预埋的转体装置完成墩顶转体，将桥梁结构转到原来设计的桥位上。

施工过程

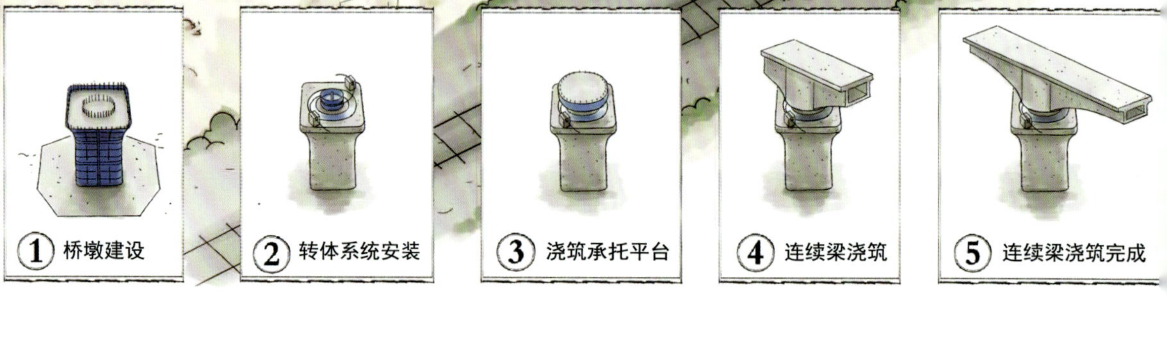

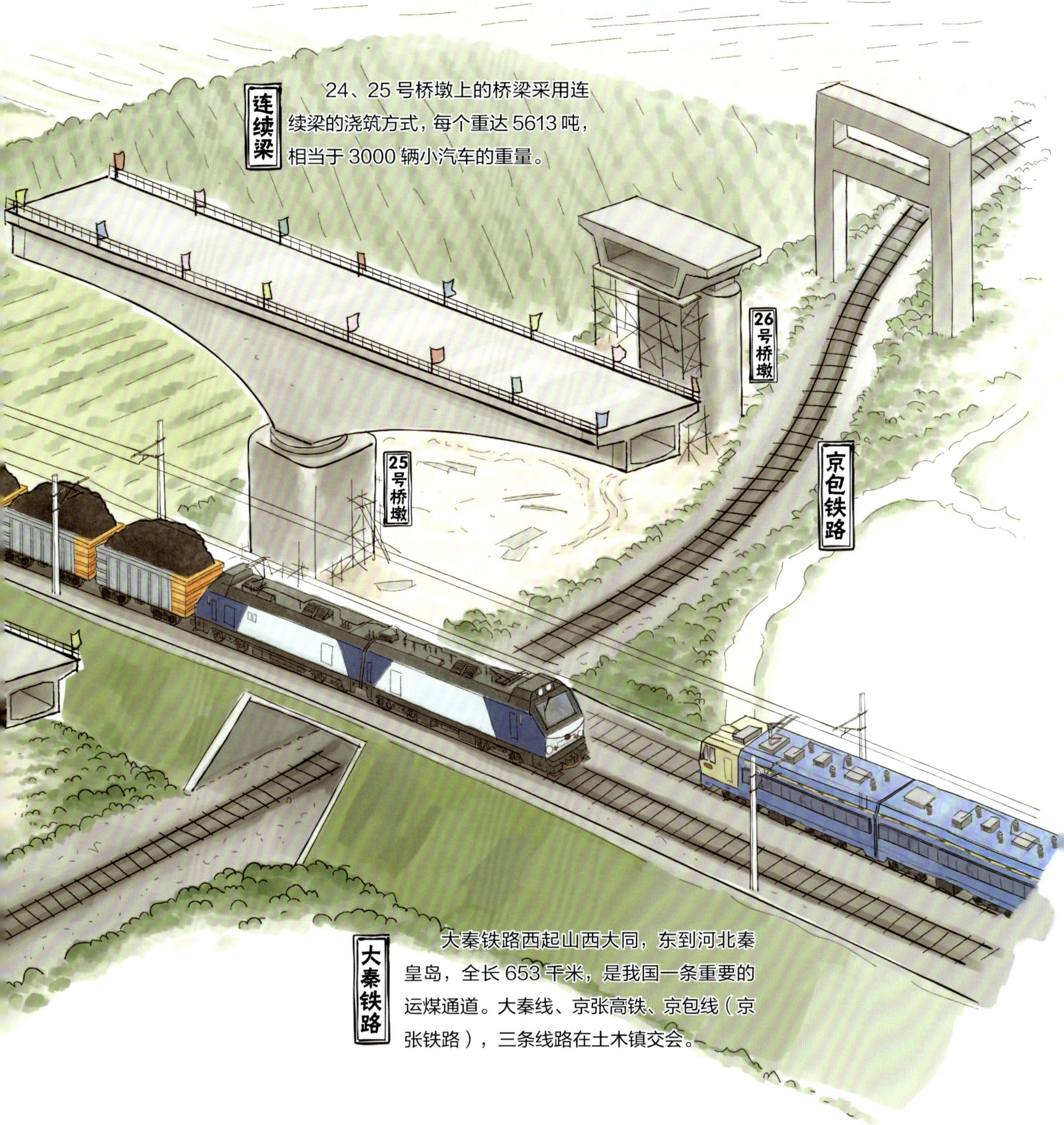

连续梁 24、25 号桥墩上的桥梁采用连续梁的浇筑方式，每个重达 5613 吨，相当于 3000 辆小汽车的重量。

大秦铁路 大秦铁路西起山西大同，东到河北秦皇岛，全长 653 千米，是我国一条重要的运煤通道。大秦线、京张高铁、京包线（京张铁路），三条线路在土木镇交会。

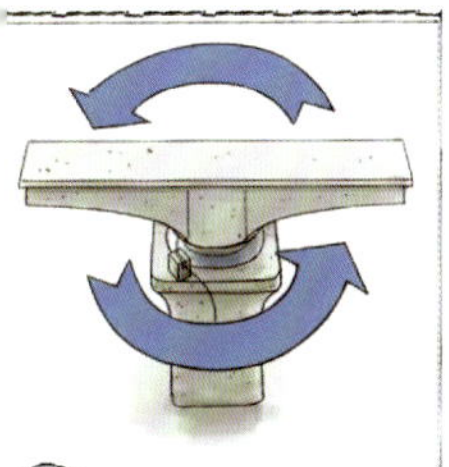
⑥ 墩顶转体

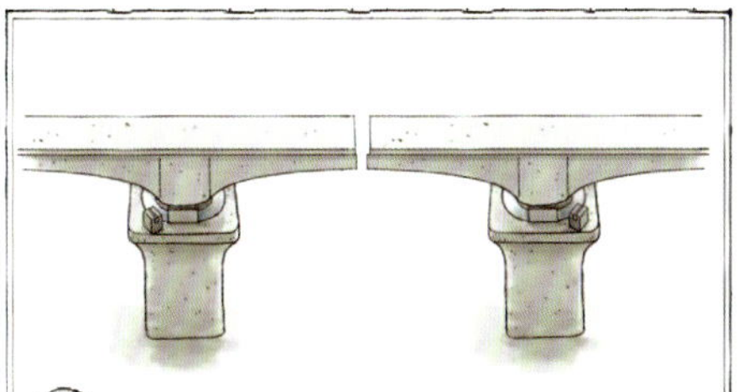
⑦ 转体完成

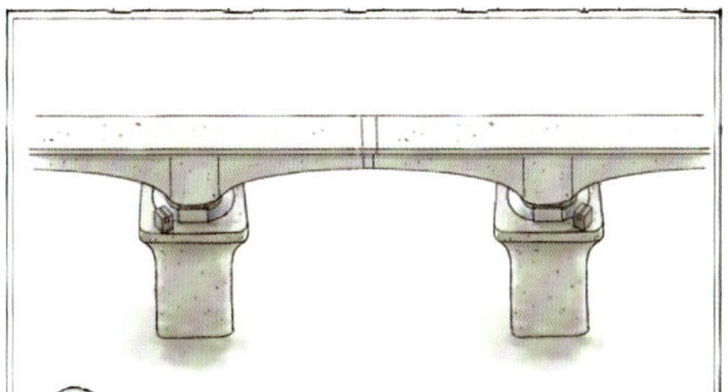
⑧ 连接部分浇筑

轨道

高速铁路行驶速度高，对轨道要求也高，高铁轨道需要采用无缝钢轨来保证线路平顺和行车安全。京张高铁的轨道结构采用有砟轨道和无砟轨道两种方式，其中全线超过1千米的隧道、隧道群及运行时速350千米的区段用无砟轨道，其余使用有砟轨道。

京张高铁线路地势复杂，部分路段坡度达到30‰，对轨道技术参数要求极高。工程师们使用了铺轨机、移动式钢轨闪光焊机等各种先进的设备，大幅度提高了轨道精度和施工效率。

铺轨机

传统铺设钢轨的施工方式需要100多名工人，且工作效率低。现在用高效的铺轨机只需要7名操作工人，就可以铺设钢轨。随着铺轨机开过，一根根200千克重的轨枕，以间隔60厘米的距离被精准地安放在钢轨下方。同时，铺轨机能一次性架设两条30余吨重、500米长的钢轨。铺轨机驶过，钢轨就铺设好了，每台铺轨机每天能架设2000米的钢轨。

传统铺设轨道的施工方式

克服热胀冷缩

物体遇热膨胀，遇冷会缩小，这就是热胀冷缩的原理。我们的钢轨也面临这个问题。京张高铁线路地区冬天和夏天最大温差超过50摄氏度，174千米长的钢轨冬夏伸缩长度接近100米，无缝钢轨承受100吨的重量，如果没有办法解决热胀冷缩的问题，钢轨的伸缩会让轨道变得七扭八歪，影响列车安全运行。高铁工程师们通过锁定轨温及采用高强度的扣件、轨枕和道床等部件对钢轨进行约束，使钢轨牢牢固定在轨枕上。

无砟轨道

无砟轨道，就是没有石子的整体式道床。优点是平顺性高，稳定性好，线路维修工作量少，避免了高速条件下的道砟飞溅。缺点是建设成本高、噪声大、轨道基础破损后调整困难。

有砟轨道

有砟轨道就是轨下基础为碎石的轨道。优点是成本低、吸声降噪效果好、易于维修。缺点是稳定性差，维护工作量大，容易产生道砟飞溅等。

移动式钢轨闪光焊机

传统的无缝钢轨焊接需要人工完成对位焊轨、接头热处理、推瘤、打磨清理等多道工序。移动式钢轨闪光焊机可以在短短十几分钟内完成这些工作，且有效提高了钢轨焊接接头的质量和稳定性，安全高效，成功解决了传统施工用时长和质量不稳定的难题。

传统无缝焊接的施工方式

供电

高铁路基、桥梁、隧道建设完成后，接下来的工作就是铺设轨道和架设电网。高铁动车是个大力士，也是个名副其实的用电大户，以京张高铁为例，动车组从北京跑到张家口一趟174千米，就需要8000多千瓦时电能，每分钟的用电量相当于一户家庭一个月的用电量。

动车组的用电来源于发电厂（火电厂、水电厂、核电厂等），电厂发出的电经输电线送到铁路牵引供电系统的专用牵引变电所，再经过接触网传输到高速动车组。

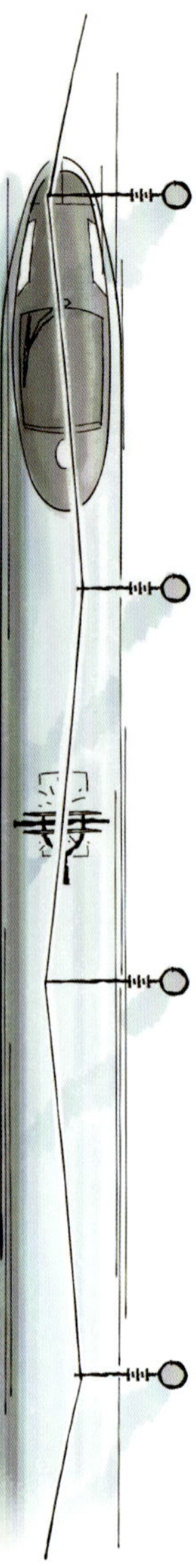

之字形接触网

高铁动车组要想跑起来，就需要通过受电弓从接触网上获得交流电，为了避免接触网对受电弓同一位置的磨损，接触网呈之字形布线。

架设接触网

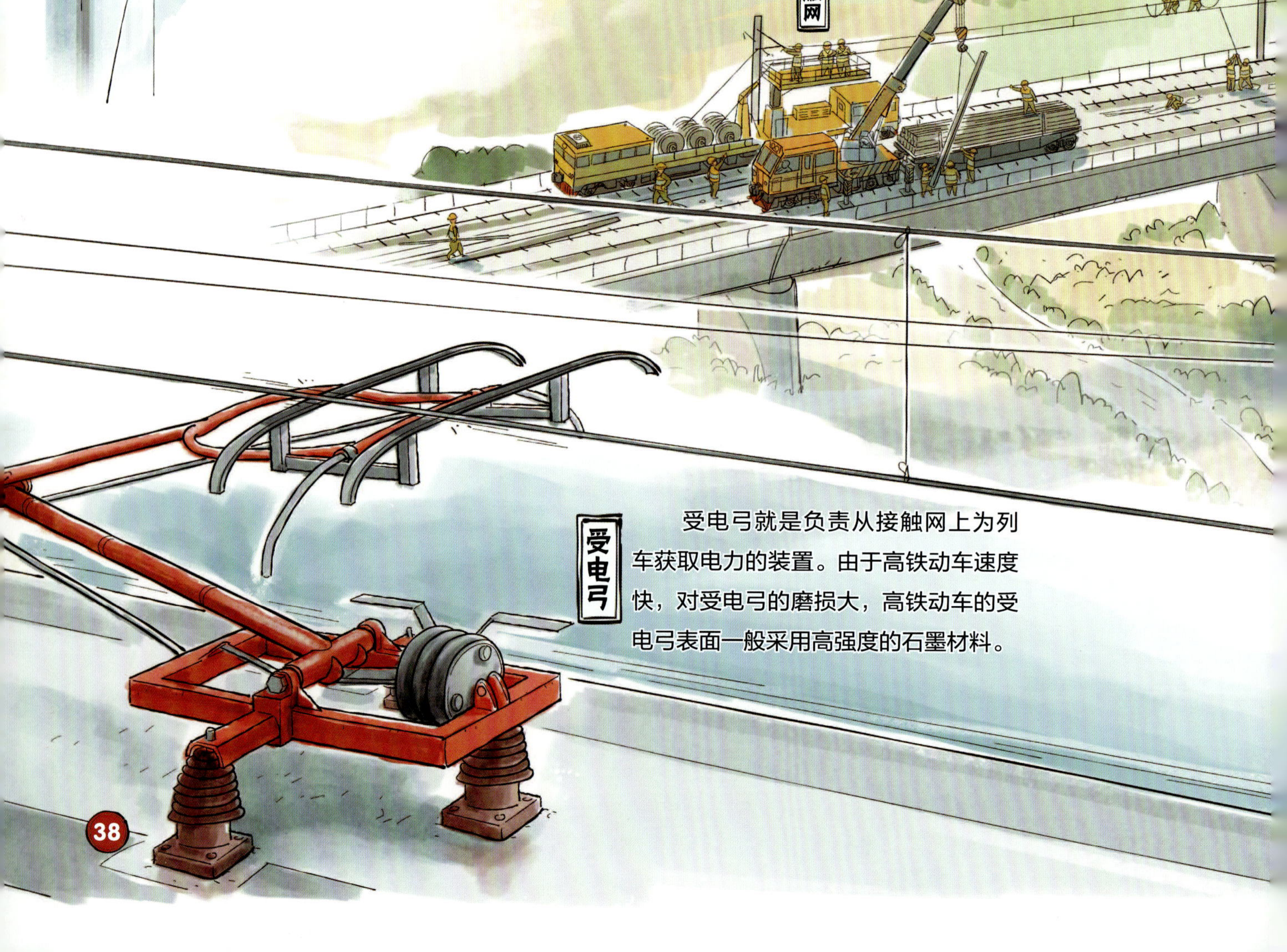

受电弓

受电弓就是负责从接触网上为列车获取电力的装置。由于高铁动车速度快，对受电弓的磨损大，高铁动车的受电弓表面一般采用高强度的石墨材料。

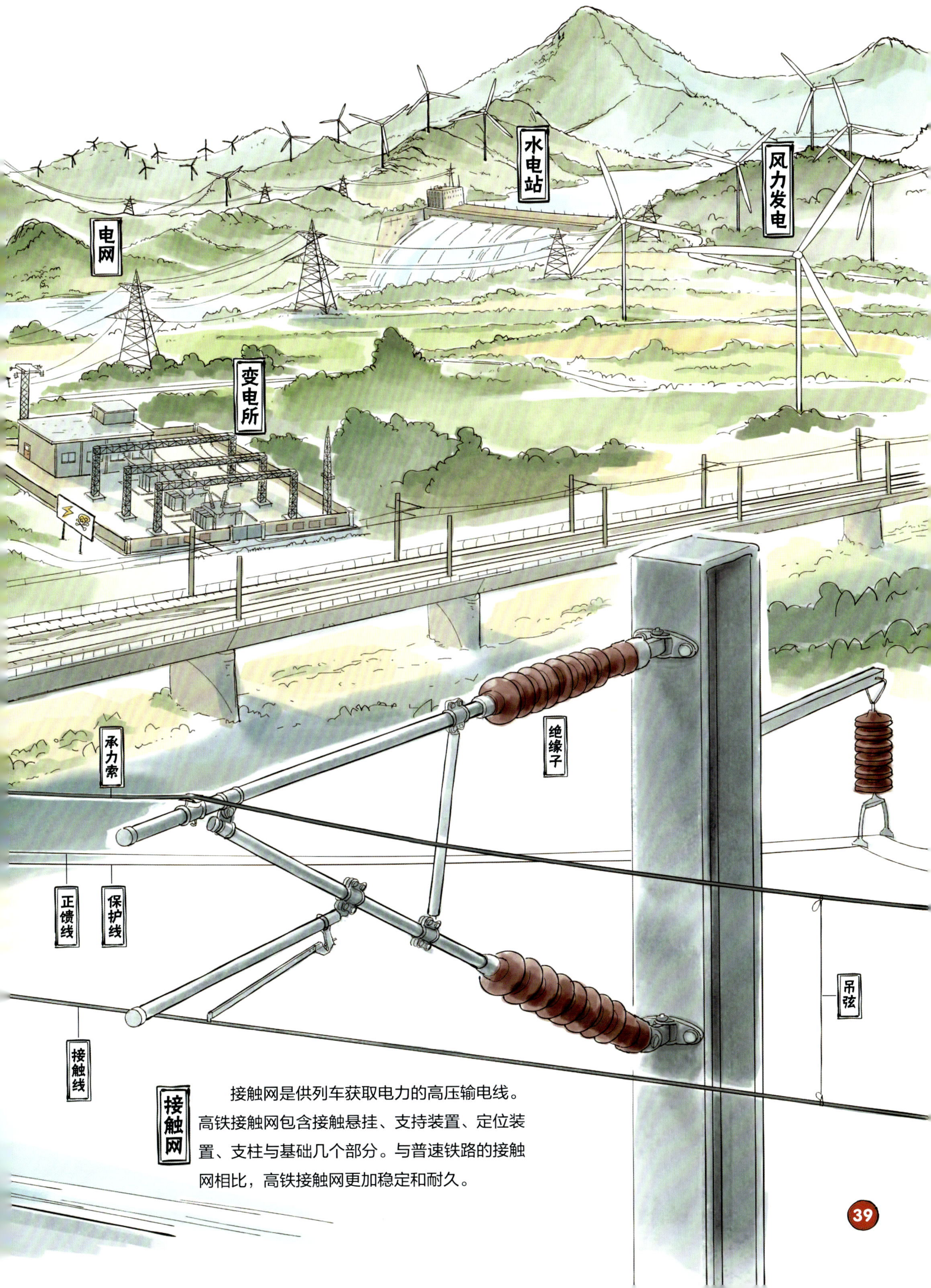

接触网

接触网是供列车获取电力的高压输电线。高铁接触网包含接触悬挂、支持装置、定位装置、支柱与基础几个部分。与普速铁路的接触网相比，高铁接触网更加稳定和耐久。

复兴号动车组

复兴号（CR）是为了适应中国的高速铁路运营环境和条件而设计制造的动车组列车，同时也是世界上运营时速最高的动车组列车。它能满足开行密度大、长距离、长时间、连续高速运行等需求，而且载客量较大，耐高寒、多雪、风沙环境，能抵御沿海湿热以及雾霾、柳絮等苛刻行车条件。

京张高铁采用新型复兴号 CR400BF-C 型动车组。CR400BF-C 是在 CR400BF 车型的基础上，为京张高铁研发的世界上第一辆时速 350 千米的自动驾驶动车组，外观采用全新的设计。CR400BF-C 型动车组能够耐高寒、抗风沙，在 -40 ~ 40 摄氏度区间正常运行。

CR400BF-C

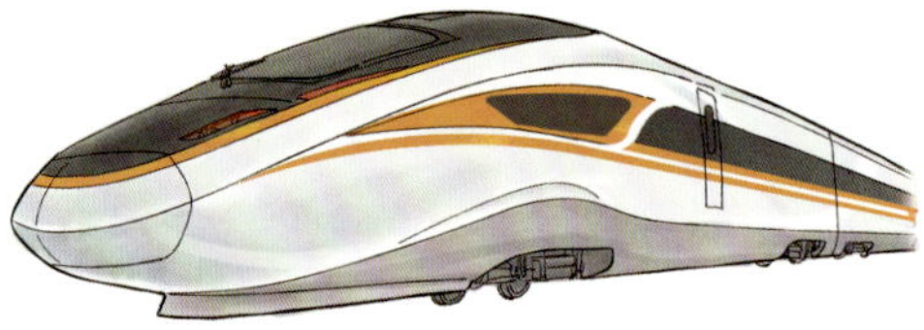

CR400BF

仿生学设计

工程师们对 CR400BF-C 型动车组车头进行了仿生学设计，模仿鹰隼和旗鱼，使空气动力学性能得到了大幅提升。

涂装

CR400BF-C 还有两套漂亮的“外衣”，红色的叫龙凤呈祥，蓝色的叫瑞雪迎春。

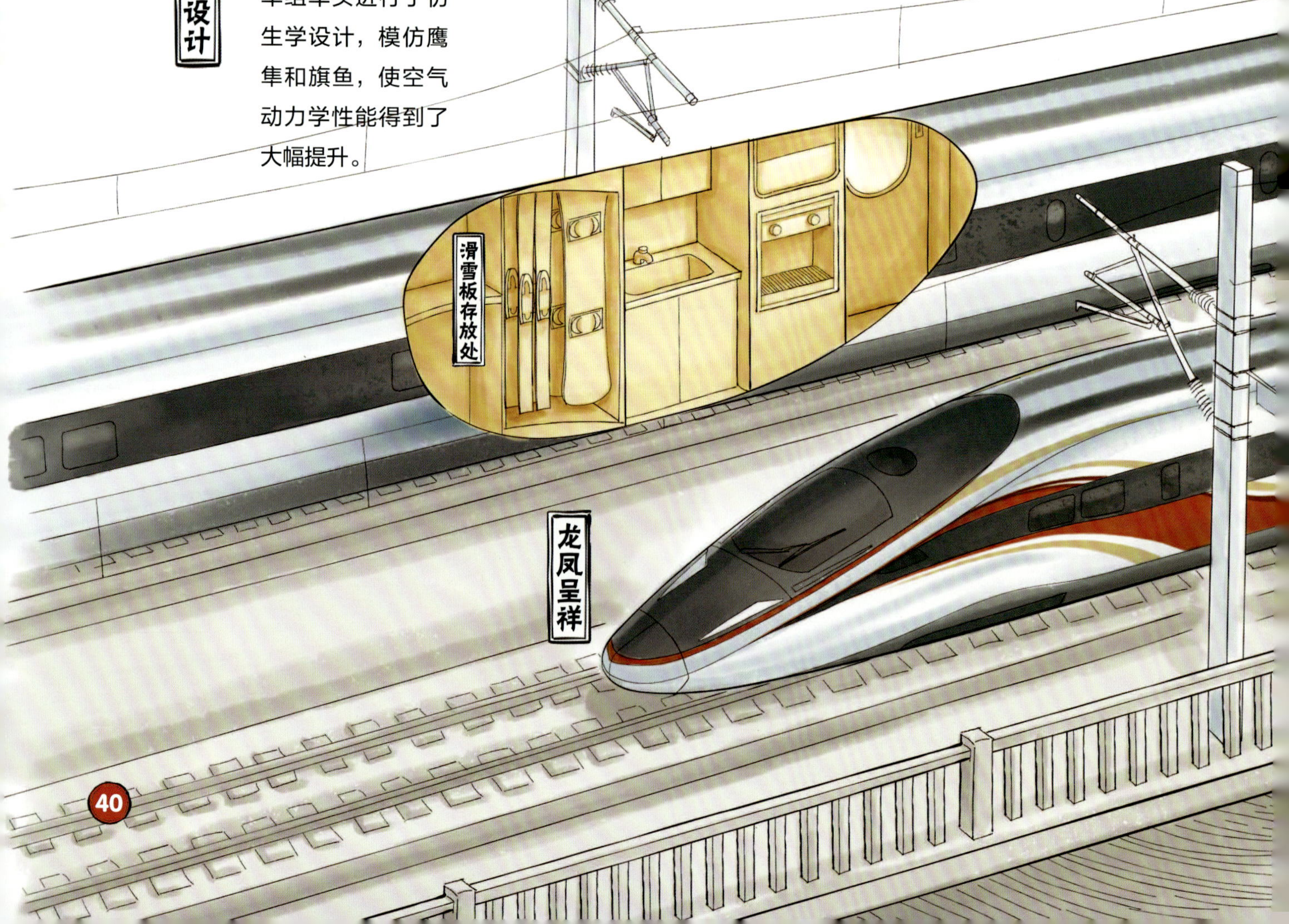

分散动力

复兴号不是把驱动列车前进的动力集中放在车头上，而是分散到多节车厢上，这样的动车组叫作动力分散动车组。这样的动车组总功率高，也能跑得更快。

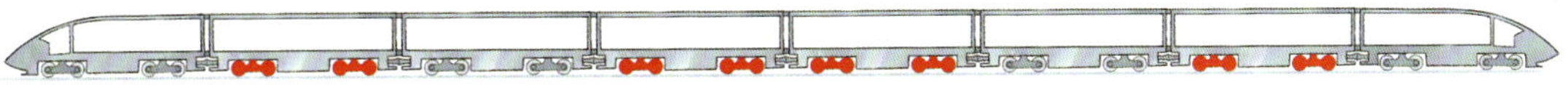

红色代表动力转向架，灰色代表非动力转向架

转向架

转向架相当于动车组的脚，是动车组的核心部件。复兴号的转向架承载能力强，同时又做到了轻量化，所以复兴号能跑得又快又稳。

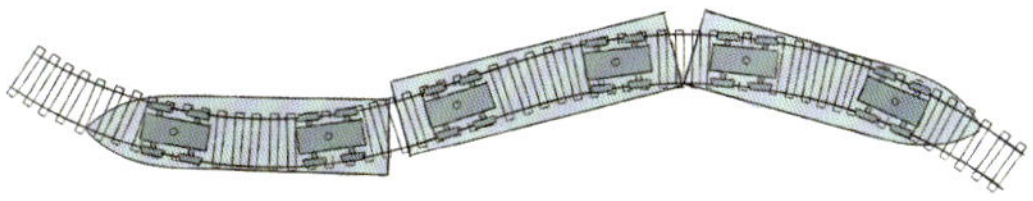

转向架保证车辆有良好的直线稳定性和曲线通过能力

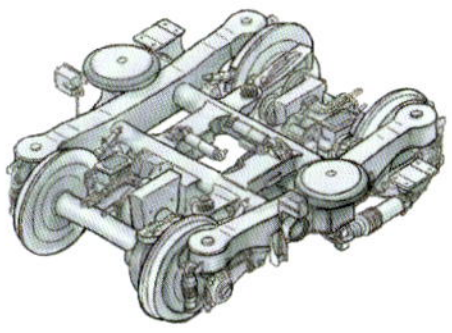

动力转向架

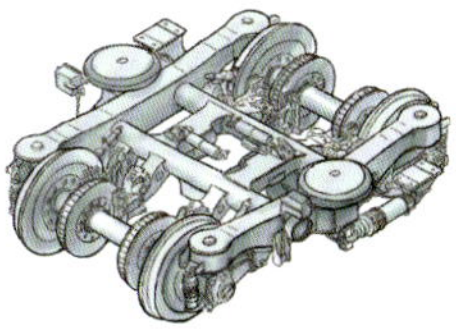

非动力转向架

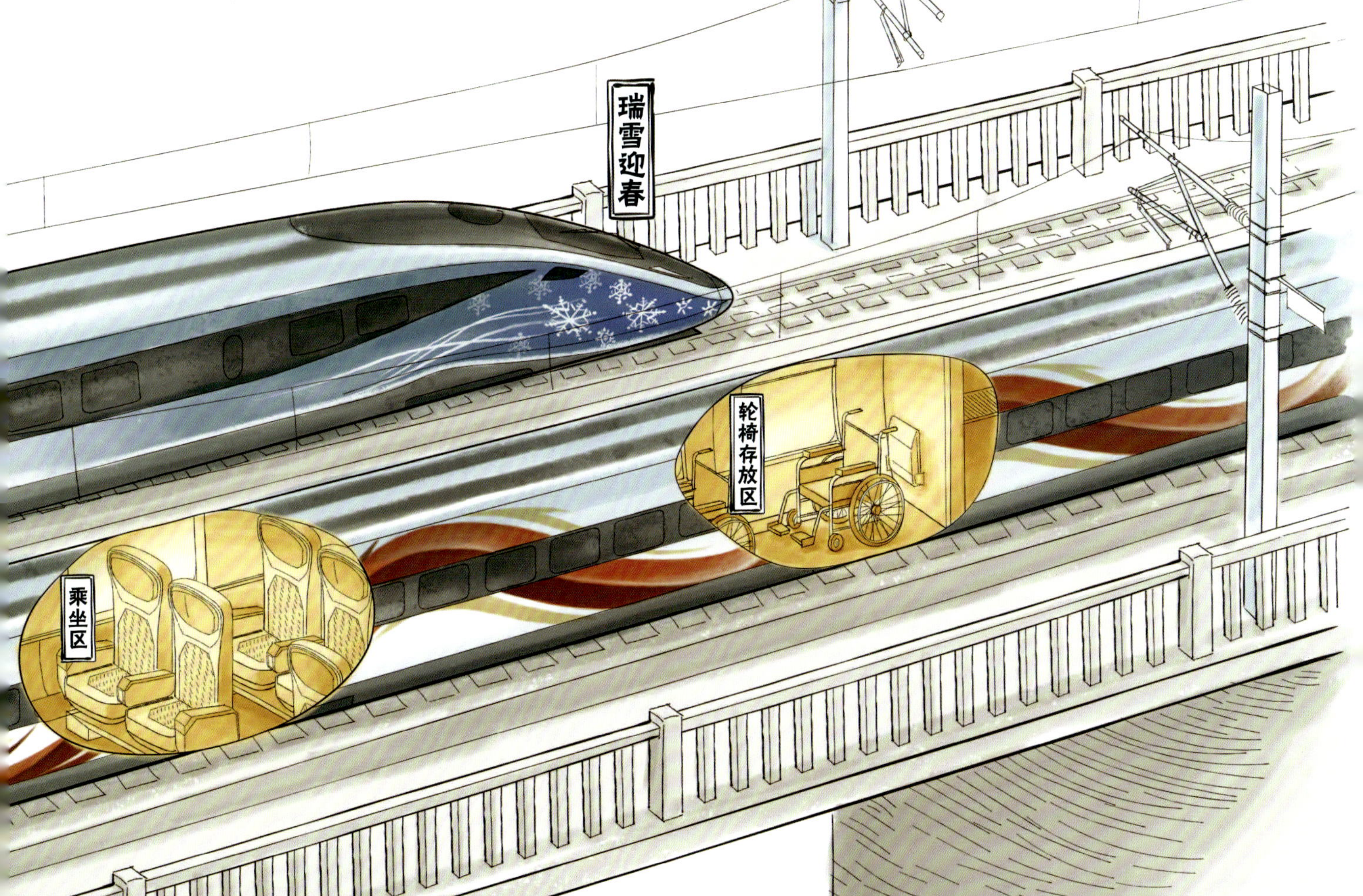

人性化设计

车厢内还配有无障碍卫生间、轮椅存放区等设施。针对冰雪爱好者还提供了滑雪板存放处，方便了热爱冰雪运动的乘客去张家口体验冰雪运动。

智能

京张高铁的智能化贯穿在铁路设计、建造、电力保障、行车调度指挥系统、旅客服务、车辆设备、维修养护、天气监控等各个环节。京张高铁采用我国自主研发的北斗卫星导航系统和 CTCS-3 列控系统，能达到时速 350 千米智能化运行。

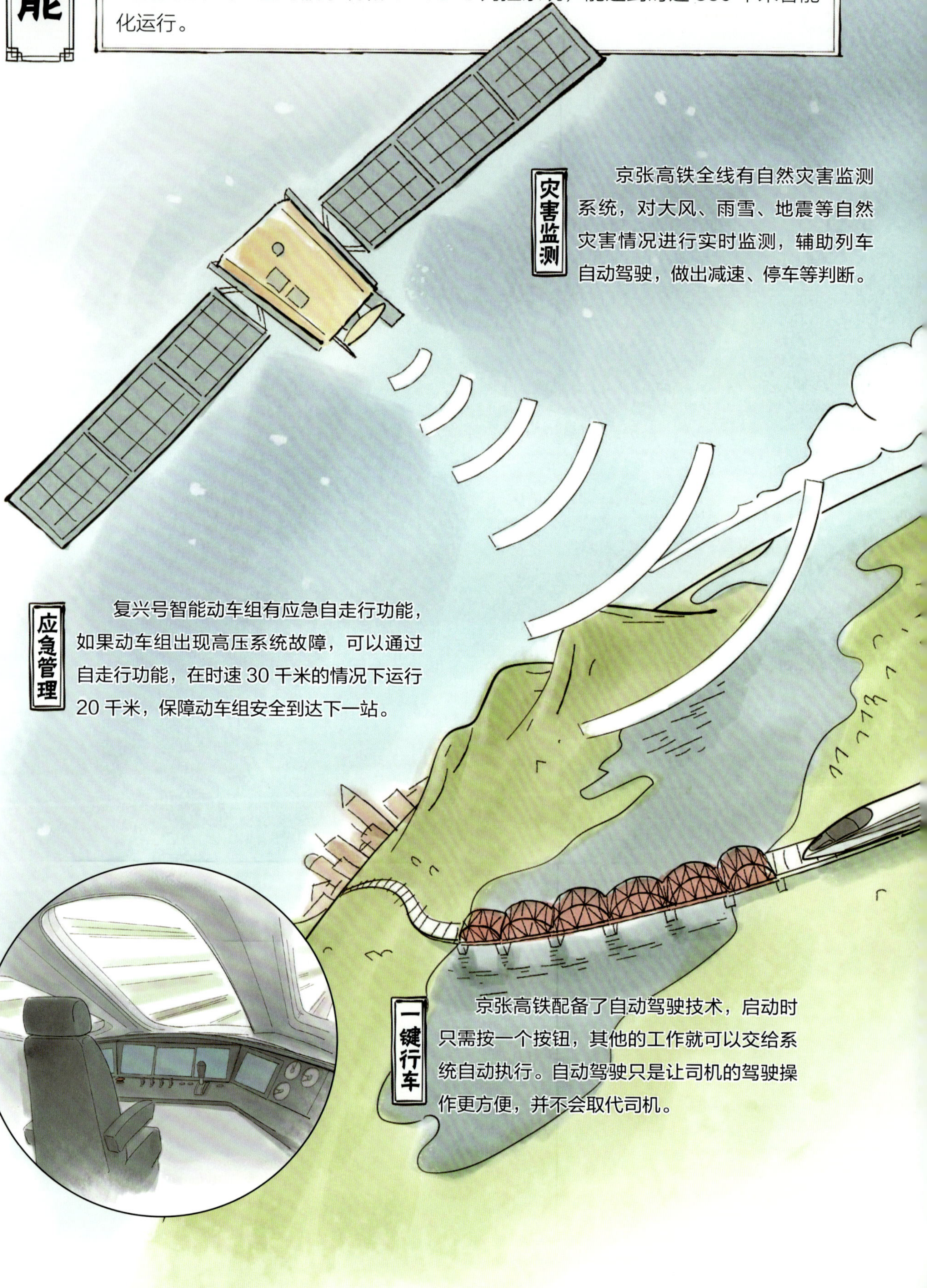

灾害监测

京张高铁全线有自然灾害监测系统，对大风、雨雪、地震等自然灾害情况进行实时监测，辅助列车自动驾驶，做出减速、停车等判断。

应急管理

复兴号智能动车组有应急自走行功能，如果动车组出现高压系统故障，可以通过自走行功能，在时速 30 千米的情况下运行 20 千米，保障动车组安全到达下一站。

一键行车

京张高铁配备了自动驾驶技术，启动时只需按一个按钮，其他的工作就可以交给系统自动执行。自动驾驶只是让司机的驾驶操作更方便，并不会取代司机。

站内机器人

车站内配置了智能机器人导航、机器人运送行李、人脸识别进站等高科技服务，为旅客出行提供了方便。

巡检机器人

高铁变电所采用智能化的供电系统，还使用了机器人巡检的方式，基于大数据进行健康自诊断，实时监测供电情况。

安全性更好

高速铁路的信号控制系统比普速铁路更先进，因为动车组发车密度大、车速快，安全性一定要高，确保行车安全。

随时报平安

复兴号智能动车组有一套自己的检测功能，地面也有一套复杂综合的系统，车体上所有数据都会实时传回地面。如果动车组出现故障，地面人员和数据收集人员都能通过这套系统感知，并对维修工作提供充分的依据。智能动车组无论走到哪里，都能和指挥中心的“家”实时互动，随时报平安。

张家口
太子城站
崇礼铁路
大秦铁路
延庆支线
转体桥
官厅水库特大桥
颐和园

高铁通车了

2008 年 12 月，京张高铁预可行性研究工作启动，同时开始了设计工作。2015 年 9 月项目获得国家批复，2016 年 3 月完成施工和监理招投标工作，2016 年 4 月京张高铁全线开工，2019 年 6 月全线铺轨完成，经过联调联试，2019 年 12 月 30 日建成通车。由于工程师们采用科学合理的设计方案与先进的机械设备进行施工，建设全程仅用时 3 年多。

如今京张高铁与老京张铁路结伴而行，穿越长城脚下，开启了一条新通道。京张高铁的开通对于方便人们的生活、促进京津冀协同发展、连通西部地区有着重要的意义。

复兴号穿越新八达岭隧道

机车的演变

京张铁路上运行最早的机车是马莱型机车，属于蒸汽机车。这种机车通过燃烧煤炭使水沸腾，从而产生蒸汽来驱动车轮运行。马莱型机车产于美国。由于京张铁路需要功率大的机车，詹天佑写信给他留美时的同学才找到它。它远渡重洋来到中国，但是现在我们只能从照片中看到它的身影了。

在一代代工程师们的努力下，蒸汽机车之后陆续出现了内燃机车、电力机车、动车组，慢慢地，蒸汽机车被它们取代了。

内燃机车

内燃机车是以内燃机产生动力，通过传动装置驱动车轮的机车。内燃机车按照用于机车的内燃机种类可分为柴油机车和燃气轮机车，柴油机车使用最为广泛。在中国，我们通常所说的内燃机车指的是柴油机车。

中国产，东风 11 型内燃机车

高铁动车组

高铁动车组是指若干带动力的动力车与非动力车按照预定的设置组合在一起，在正常使用寿命周期内始终以固定编组模式（也有可变编组）运行的列车。带动力的车辆叫动车，不带动力的车辆叫拖车。

蒸汽机车

1814 年，英国人乔治 · 斯蒂芬森发明了第一台蒸汽机车。从此，人类加快进入工业时代的脚步，火车成为那个时代文明和社会进步的重要标志和关键工具。

美国产，马莱型蒸汽机车

中国产，韶山9型电力机车

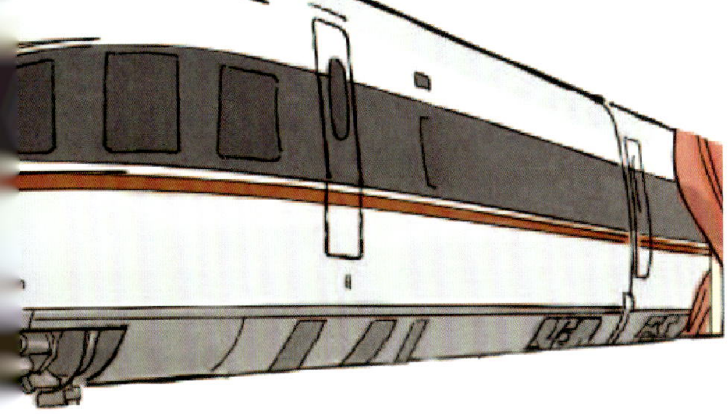

电力机车

电力机车是指从外界汲取电力作为能源驱动的机车。电力机车因为所需电能由电气化铁路供电系统的接触网或第三轨供给，所以是一种非自带能源的机车。

中国产，CR400AF 型动车组

中国动车组家族

高速铁路，就是铁路设计时速高、能让火车高速运行的铁路系统。世界上第一条正式的高速铁路系统是 1964 年建成通车的日本新干线，世界第一辆高铁列车 0 系也就此诞生。0 系设计时速 200 千米，所以高速铁路的初期时速标准就是 200 千米。后来随着技术进步，火车速度不断加快，不同时代、不同国家就对高速铁路有了不同定义，各国根据本国情况制定了各自的高速铁路级别的详细技术标准。

中国铁路在速度方面上分了高速铁路（时速 200 ~ 380 千米）、快速铁路（时速 160 ~ 200 千米）、普速铁路（时速 80 ~ 160 千米）三级。中国高速铁路营业里程超过 46000 千米（2024 年 9 月），占全世界高铁总里程的 70%，成为世界上高铁里程最长、运输密度最高、运营场景最复杂的国家。中国拥有各式各样的动车组车型，从学习吸收到自主创造，中国工程师们设计制造了世界上最先进的高铁列车——复兴号，现在复兴号正以世界铁路最高运营时速行驶在中国的大地上。

很多人会问：高铁和动车组是一回事吗？其实高铁是高速铁路的简称，包含轨道、桥梁、隧道、车站、供电及其他配套设施，而动车组是交通工具，两者并不是同一个概念。

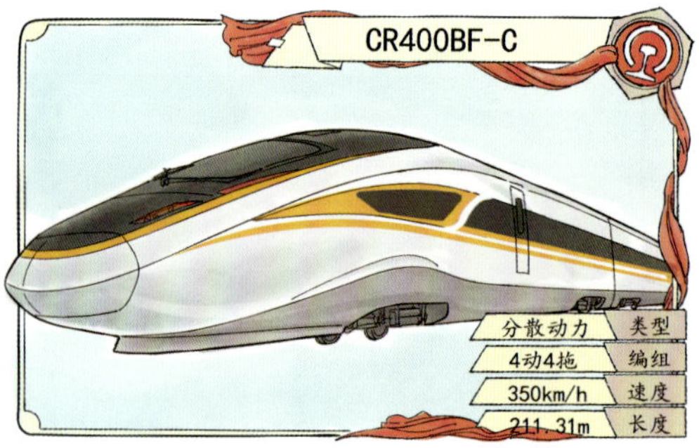

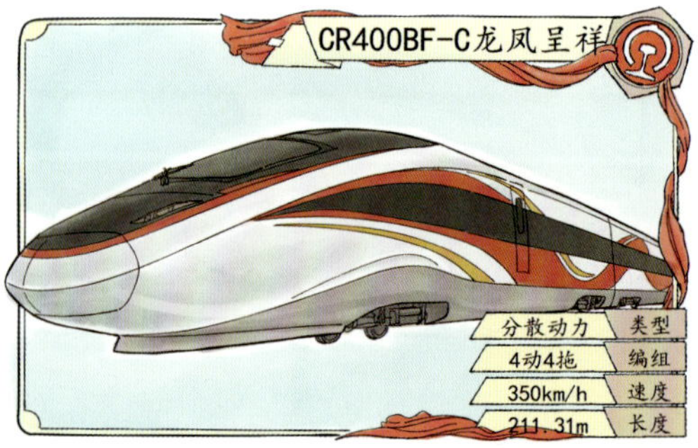

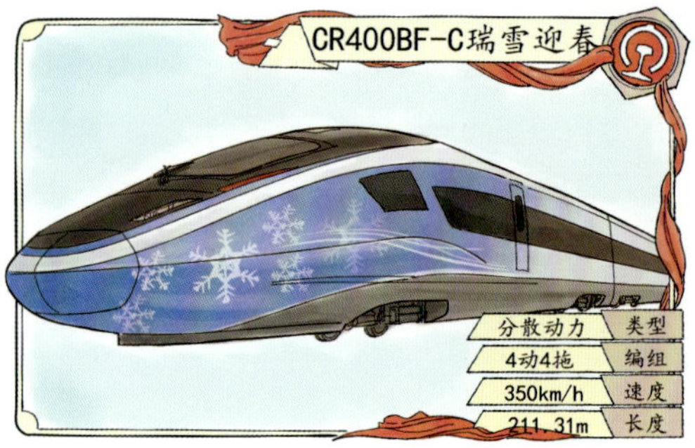

CR400BF-C

动力类型	动力分散型
设计运营时速	400 千米
运营时速	350 千米
编组	4 动 4 拖
全长	211.31 米
宽度	3.36 米
高度	4.05 米
功率	10400 千瓦
定员	576 人
最大轴重	小于等于 17 吨
轴距	2.5 米
最大制动距离	6500 米
列车自动保护系统	CTCS3-300S/T
工作温度	-40 ~ 40 摄氏度
特性	耐高寒 / 耐风沙 / 高海拔

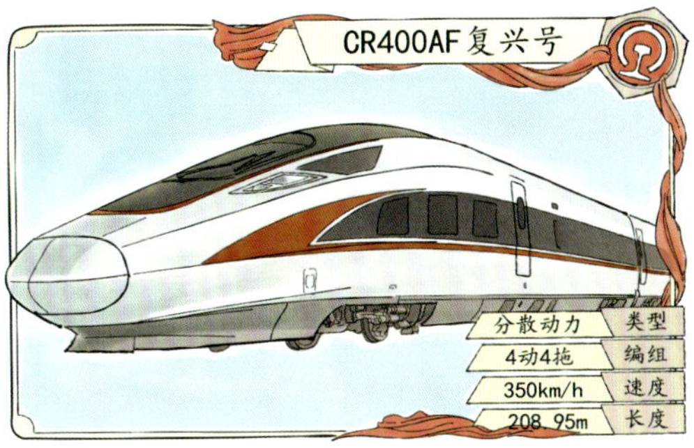

分散动力	类型
4动4拖	编组
350km/h	速度
208.95m	长度

CR400AF 型电力动车组，昵称“红海豚”，是运营于中国铁路客运专线及高速铁路的电力动车组，车身为铝合金空心型材，运营时速 350 千米，采用动力分散式、交流传动动力方式。2017 年该车在京沪高铁进行时速 350 千米的试验，并于同年在京津城际铁路开始投入运行。

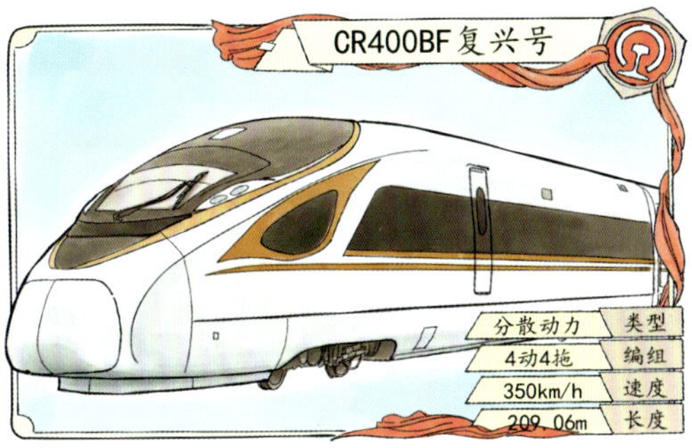

分散动力	类型
4动4拖	编组
350km/h	速度
209.06m	长度

CR400BF 型电力动车组，昵称“金凤凰”，是复兴号中国标准动车组 CR400 级别里的一款，由中车长春轨道客车股份有限公司和中车唐山机车车辆有限公司研制，车身为铝合金空心型材，运营时速 350 千米，采用动力分散式、交流传动动力方式。该车 2017 年在京沪高铁投入使用。

集中动力	类型
1动8拖	编组
160km/h	速度
225.48m	长度

CR200J 型电力动车组，昵称“绿巨人”，是复兴号家族中的一款普速列车，由中车唐山、浦镇、大连、青岛四方、株洲、大同等六家公司联合研制的动力集中式列车，可开行长途列车，也可开行短途和城际列车，能在中国约 10 万千米的既有电气化铁路上运行。该车于 2019 年投入使用。

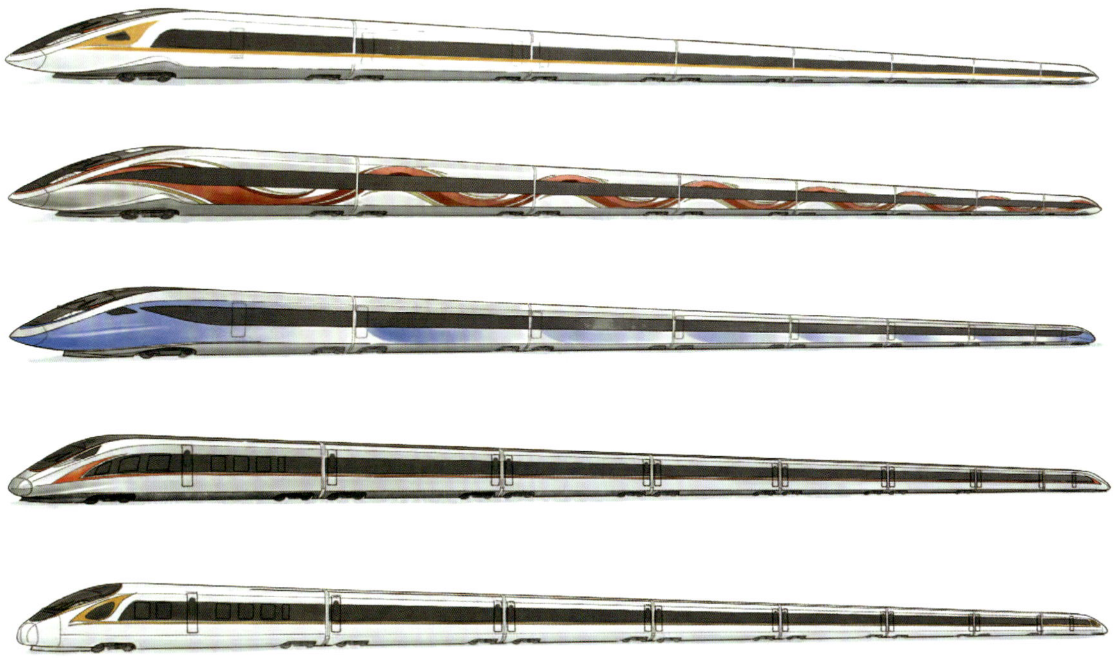

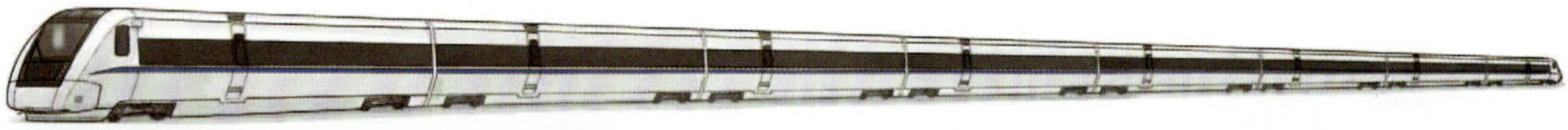

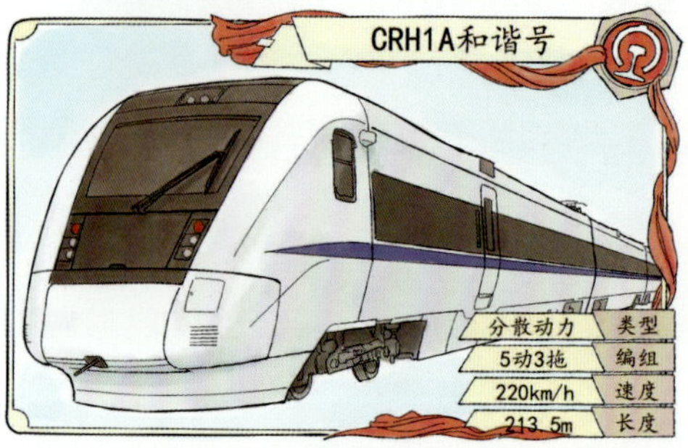

CRH1A 型电力动车组，是铁道部（现中国国家铁路集团有限公司，后同）为实施中国铁路第六次大提速，于 2004 年起向庞巴迪运输和青岛四方庞巴迪铁路运输设备有限公司订购的 CRH 系列高速电力动车组。铁道部将所有引进国外技术、联合设计生产的中国铁路高速(CRH) 车辆均命名为“和谐号”。

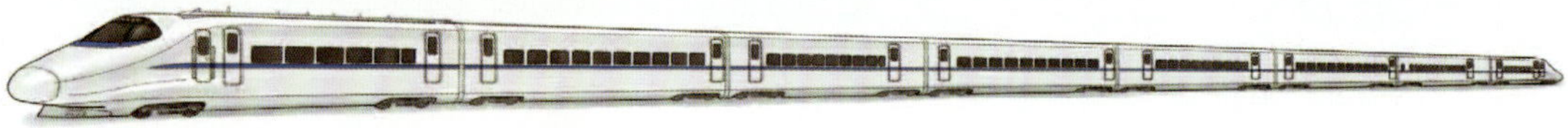

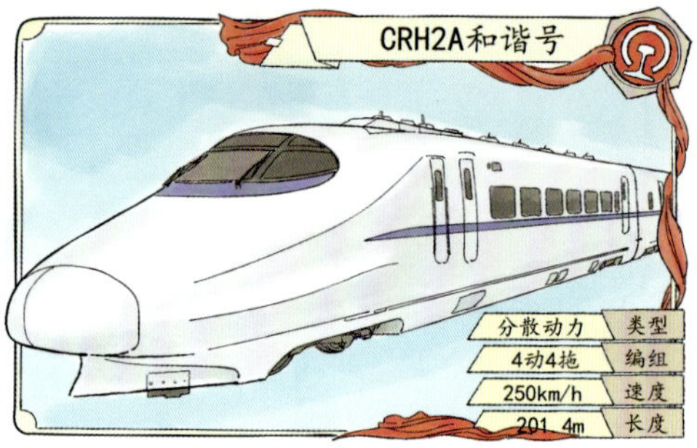

CRH2A 型电力动车组，是铁道部为实施中国铁路第六次大提速中的快速铁路及建造中的高速客运专线，向日本川崎重工及中国南车集团四方机车车辆股份有限公司订购的高速列车，属于和谐号车型。CRH2 系列为动力分散式、交流传动的电力动车组，采用了铝合金空心型材车体。

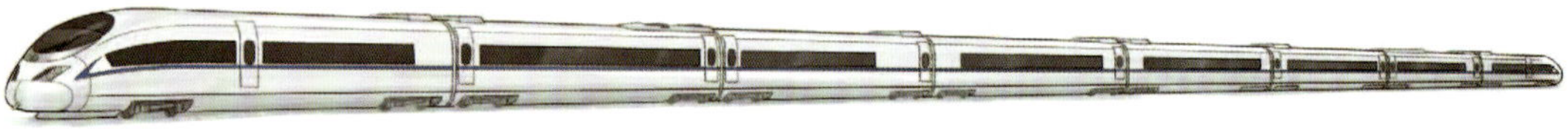

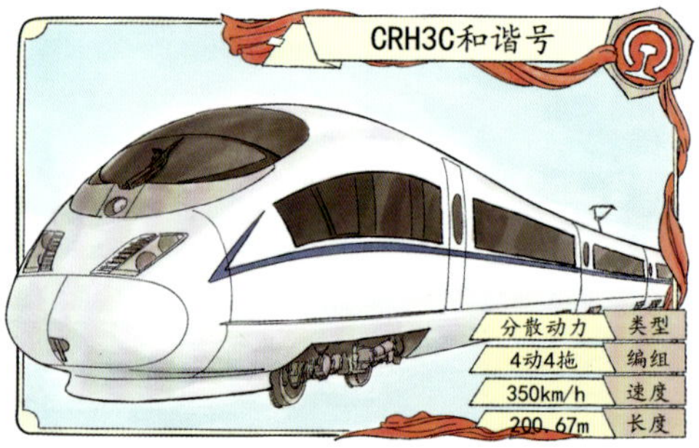

CRH3C 型电力动车组，是铁道部为运营新建的高速城际铁路及客运专线，而向德国西门子公司和中国北车集团唐山轨道客车有限责任公司订购的 CRH 系列高速动车组。京津城际铁路于 2008 年 8 月 1 日正式通车运营，CRH3C 型动车组于当日起投入运营，运营时速达到 350 千米。

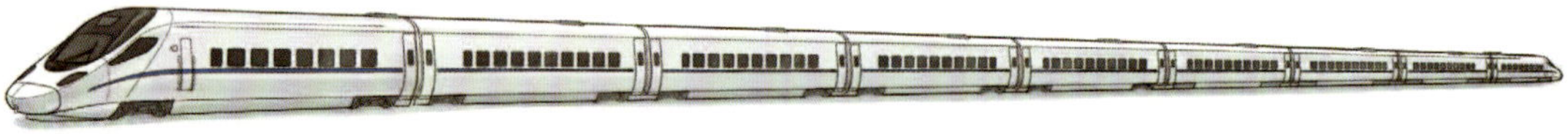

CRH5A 型电力动车组，是铁道部为实施中国铁路第六次大提速，向法国阿尔斯通和中国中车集团长春轨道客车股份有限公司订购的 CRH 系列高速动车组。由于 CRH5 系列动车组车体相对较高，正面看起来“憨厚、笨重”，被车迷戏称为“驴子”。

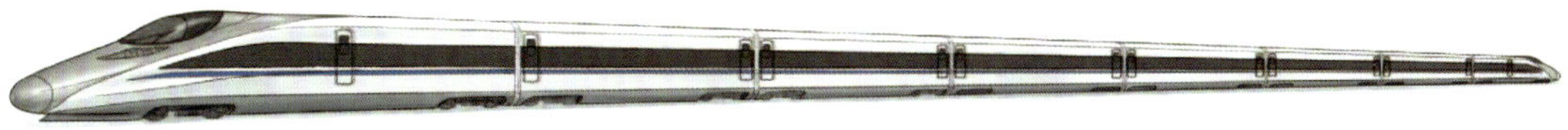

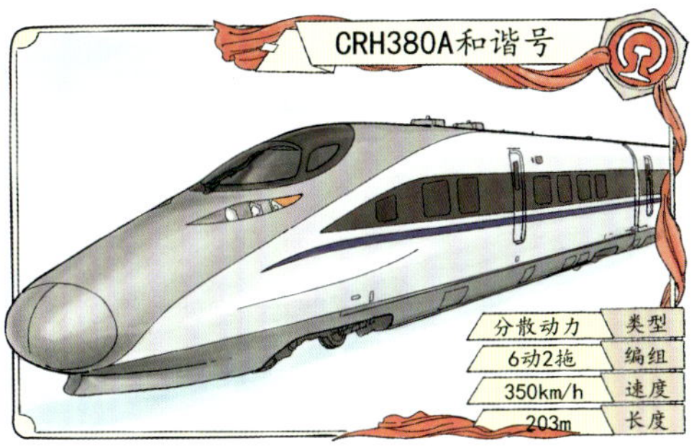

CRH380A 型电力动车组，是由中国南车集团青岛四方机车车辆股份有限公司设计团队在 CRH2C 型动车组基础上，通过自主创新研发的中国第二代 CRH 系列电力高速动车组。列车设计运营时速为 380 千米（实际运营时速为 350 千米），这对车体的空气动力学、稳定性、动力等有了更高的要求，列车采用了诸多新技术以满足运营需求。

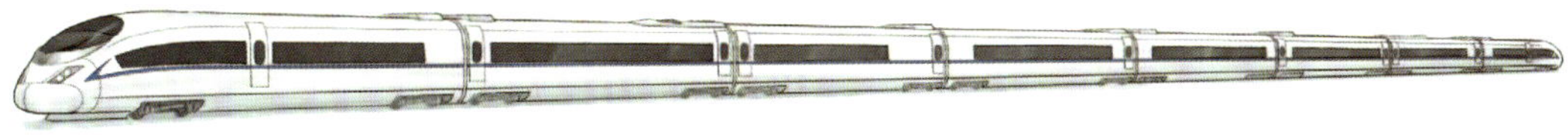

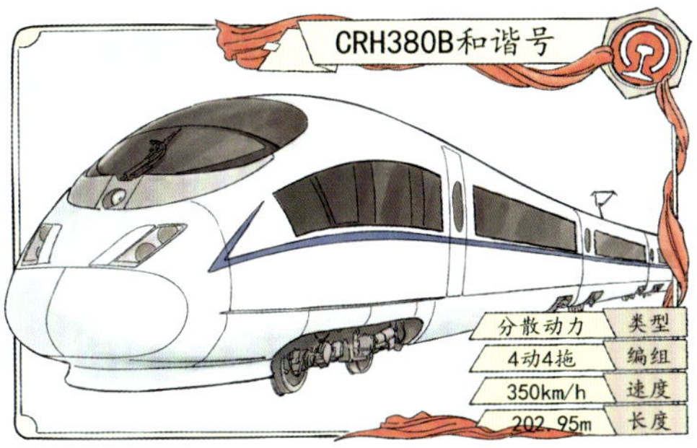

CRH380B 型电力动车组，是由中国北车集团唐山轨道客车有限责任公司、长春轨道客车股份有限公司在 CRH3C 型电力动车组基础上自主研发的第二代 CRH 系列高速动车组。该车与 CRH3C 外观的区别为：在车头部分，CRH3C 的车钩露在外面，而 CRH380B 的车钩隐藏在车头里；CRH3C 车灯旁边有栅形罩，而 CRH380B 没有。

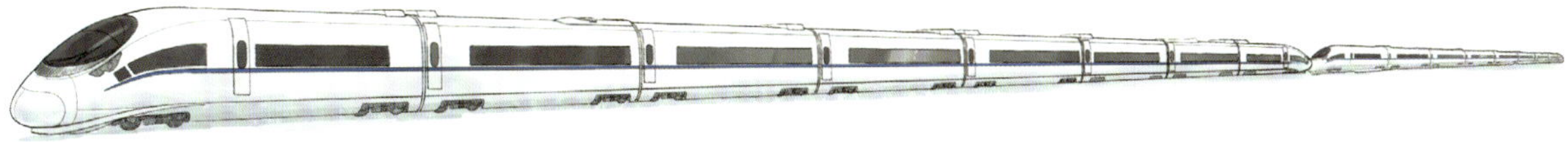

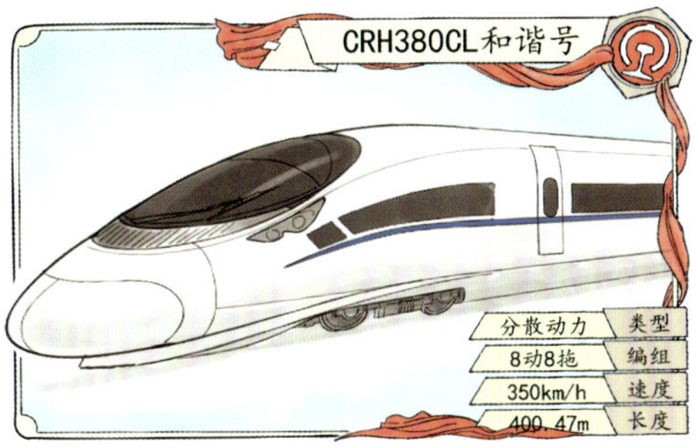

CRH380CL 型电力动车组，是由中国北车集团长春轨道客车股份有限公司在 CRH3C、CRH380BL 型电力动车组基础上自主研发的第二代 CRH 系列高速动车组。CRH380CL 为加长的 16 辆编组车型，采用 8 动 8 拖的编组方式。

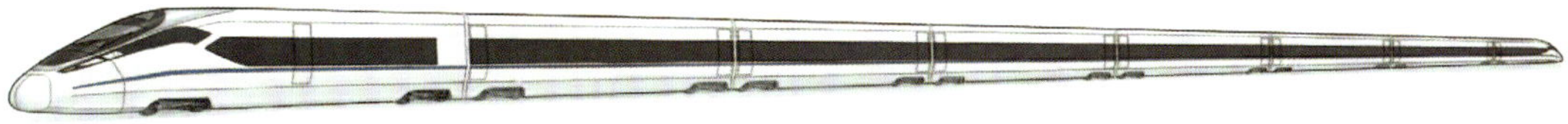

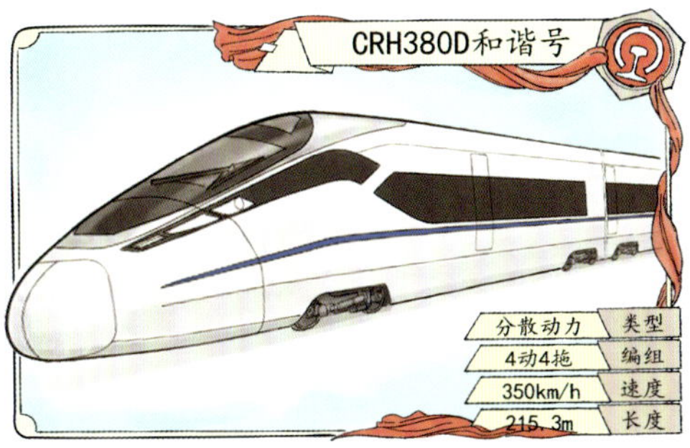

CRH380D 型电力动车组，是由青岛四方庞巴迪铁路运输设备有限公司基于庞巴迪 ZEFIRO 平台研发的第二代 CRH 系列高速动车组，设计运营时速为 380 公里（实际运营时速为 350 公里）。因为 CRH380D 与 CRH1A 同属一家公司生产，CRH1A 被车迷戏称为“大地铁”；CRH380D 时速更快，所以被车迷戏称为“疯地铁”。

1907年詹天佑引进了马莱1型机车。马莱型机车属于“复胀式”蒸汽机车。这种机车和普通的蒸汽机车相比有个最大的不同：普通机车有2个气缸，而“复胀式”蒸汽机车有4个气缸，蒸汽先进入高压气缸，排出后进入低压气缸，一组气体能做功两次，充分利用了蒸汽效能，因此功率更大。之后京张铁路又陆续引进了马莱2型、马莱3型和马莱4型蒸汽机车。

1982年，作为东风4型机车升级产品的首台东风4B型机车问世，经过全面的性能试验和运用考核后，证明其可靠性和经济性比东风4型机车有明显提升。1984年，大连机车车辆厂开始批量生产东风4B型内燃机车，资阳内燃机车厂和大同机车厂也于1986年加入生产行列，至今已生产了超过4500台东风4B型内燃机车，是中国铁路史上产量最大、运用最广泛、技术最成熟的客货两用内燃机车车型之一。根据不同的涂装，车迷戏称其为“橘子”“西瓜”。

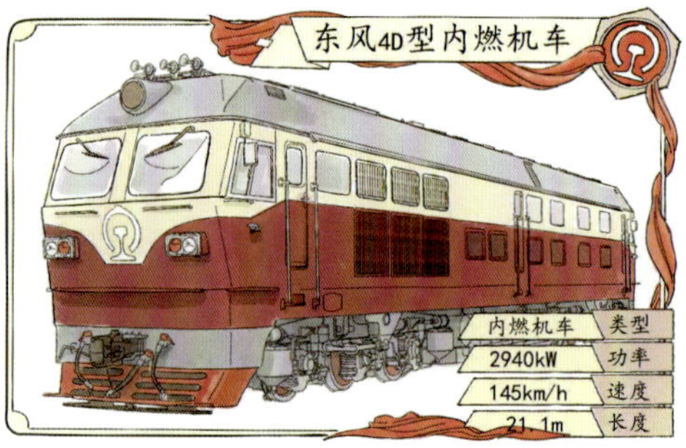

东风4D型内燃机车，是客、货运用交－直流电传动内燃机车。1996年由大连机车车辆厂在东风4B型、东风4C型内燃机车基础上设计制造。其后又研制出用于不同用途的改进版本。东风4D型机车包括东风4D提速型、东风4D准高速型、东风4D机车供电型、东风4D货运型等亚型，形成东风4D型内燃机车系列。车迷戏称其为“老虎”。

东风11型内燃机车，由戚墅堰机车车辆厂设计制造，是为广深准高速铁路开行时速160公里级别准高速旅客列车而研制的新型准高速干线客运用柴油机车，并成为中国铁路第四次大提速的主力机车，最高运行时速170公里。首台机车于1992年研制成功，2005年停产，共生产了459台。车迷戏称其为“狮子”。

韶山4G型电力机车是在韶山4型机车基础上设计的一款八轴重载货运电力机车，于2004年由株洲电力机车研究所和大连机车车辆厂共同研制完成。韶山4G型电力由两节完全相同的四轴机车用车钩与连挂风挡连接组成，其间设有电气系统高压连接器和重联控制电缆，以及空气系统重联控制风管，可在其中任意一节车的司机室对全车进行统一控制。车迷戏称其为“4哥”。

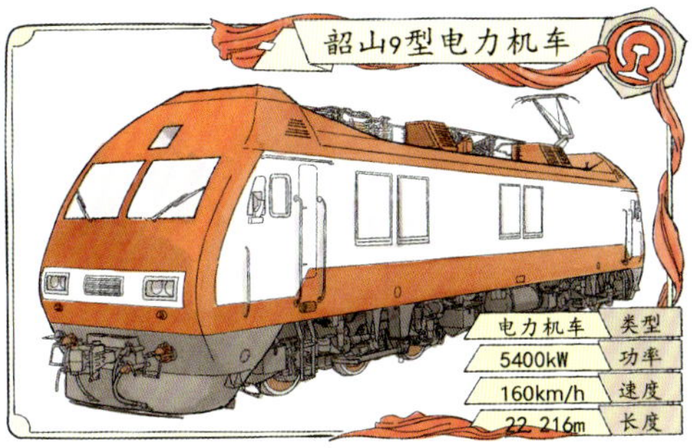

1998 年株洲电力机车有限公司开始在韶山 8 型电力机车的基础上研制韶山 9 型电力机车。韶山 9 型电力机车是最后一款研制的“韶山”系列电力机车，属于准高速干线客运用六轴电力机车，牵引时速 160 千米。

HXD2 型电力机车，是由法国阿尔斯通交通运输股份有限公司和中国北车集团大同电力机车有限责任公司联合研制的干线货运用电力机车，最大功率为 10000 千瓦，最高运行时速为 120 千米。HXD2 型在投入大秦铁路使用以前，大秦线 2 万吨煤炭组合列车需要使用 4 台韶山 4G 型电力机车牵引，HXD2 型电力机车投入使用后，只需 2 台就可以牵引一列 2 万吨的煤炭组合列车。

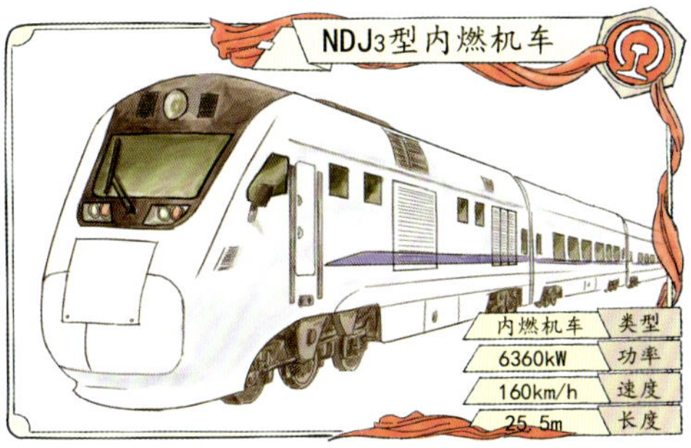

NDJ3 型内燃机车为电力传动内燃机车，2008 年开始投入运营。NDJ3 型内燃动车组，也叫“和谐长城号”，被车迷戏称为“大白猪”，是以新曙光号内燃动车组为基础进行研制。列车动力配置为 2 动 7 拖，头尾每端各配有一台柴油机车，以推拉式运行，最高运行时速为 160 千米，客车采用加宽车门、特大观光车窗、可旋转座椅等多项更为人性化的设计。

22 型客车是中国铁路第二代主型客车，曾经在中国铁路客运中长期占据着主导地位。中国铁路 22 型客车于 1956 年开始设计、试制，1959 年生产，1994 年停止生产。20 世纪 90 年代开始，22 型客车逐渐由 25 型客车替代。符合翻新条件的 22 型客车进行了翻新改造。22 型客车大多车身涂装绿色底色和黄色色带的色彩形象，曾经是中国铁路客车的经典形象，俗称“绿皮车”。

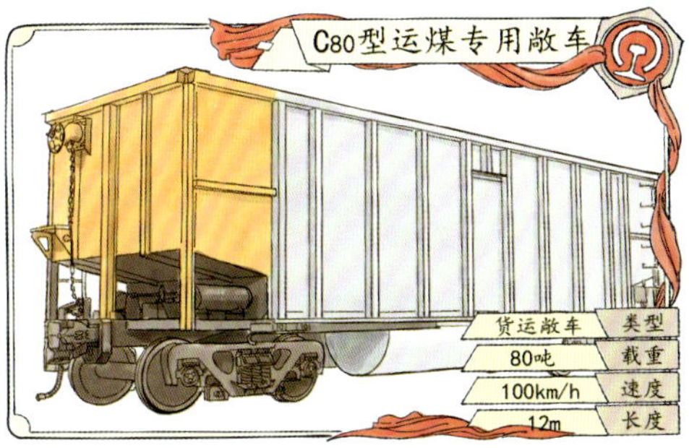

C80 型运煤专用敞车是我国专门为大秦线而设计制造的专用敞车，主要功能是运载煤炭。容积 87 立方米，载重 80 吨。同时其也是为货车提高运量而设计的重载型货车。C80 敞车是浴盆漏斗式卸载结构，采用了全不锈钢车体以及旋转式车钩。采用旋转式车钩能实现不摘钩连续翻卸作业，并能适应环形装车、直进直出装车、解体装车作业及运行时机车动力集中牵引要求。

致 谢

在本书的创作过程中得到了京张高铁设计单位——中国中铁股份有限公司控股子公司中铁工程设计咨询集团有限公司的大力支持，这里特向中国中铁设计京张高铁总体设计负责人王洪雨先生、京张高铁智能系统设计负责人李红侠女士、京张高铁八达岭长城站隧道设计负责人吕刚先生、京张高铁桥梁设计负责人李辉女士、京张高铁清河站站房设计负责人冯小学女士致以诚挚的感谢。感谢大家为本书提供了详尽的资料与专业的指导意见，感谢大家对铁路科普图书的大力支持！感谢我最真挚的朋友！

泰初文化 ,Ocemy

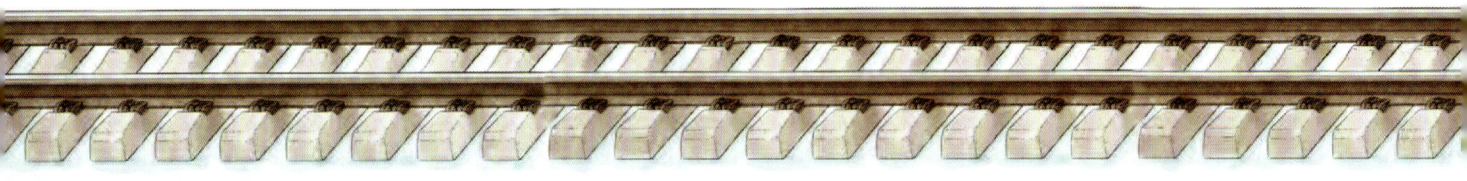